음쓰, 읍쓰

음쓰, 웁쓰

비움을 시작합니다

미깡 손현 엄수민 정두현 이민경

epikhē

음식물 쓰레기에 대하여

〈음쓰, 읍쓰〉라는 말은 입 안에서 톡 튀어나옵니다. 일상에서 무심히 줄여 부르던 단어지만, 가만히 되뇌다 보면 그 안에 남기고, 비우고, 정리하는 우리 삶의 리듬이 숨어 있는 듯합니다. 〈음쓰〉는 냉장고 속 반찬 통, 베란다에 놓인 봉투, 혹은 엘리베이터가 고장 난 날 내려가기를 미뤄 두었던 어떤 순간을 떠올리게 합니다. 우리 모두에게 익숙한 풍경이지요. 이 책의 제목인 『음쓰 읍쓰 ― 비움을 시작합니다』에서 〈읍쓰〉는 음식을 남겼을 때, 혹은 그것을 버리는 순간에 우리 모두가 무심코 내뱉던 작은 감탄사이자 탄식이기 때문입니다.
우리는 늘 그 짧은 〈읍쓰〉의 순간에 머물러 있었고, 이번에는 그 순간들을 조금 더 천천히 들여다보고 싶었습니다. 그리고 〈비움을 시작합니다〉라는 문장은 단순히 버리는 행위가 아니라, 무엇을 남기고, 무엇을 덜어 낼 것인가에 대한 감각을

되묻는 일. 이 모든 이야기의 출발점이자
목적이었습니다.

저희는 제조업 기반의 스타트업입니다.
겉으로는 음식물 쓰레기 처리기라는 기능적인
제품을 만들고 있지만, 그 이면에는 늘, 남김과
버림을 둘러싼 감정들에 대해 고민해 왔습니다. 왜
우리는 자꾸 음식을 남기게 되는지, 왜 버리는 일이
이토록 많은 감정을 동반하는지. 그래서 이 책을
광고처럼 만들고 싶지 않았습니다. 브랜드보다 삶의
장면이 먼저 보이기를 바랐고, 제품명은 본문에서
등장하지 않도록 했습니다. 디자인 역시 적당히
가볍고, 적당히 진지한 온도로 다듬었습니다.
책이 완성되어 가는 과정을 지켜보며, 우리는 점점
더 생각하게 되었습니다. 음식물 쓰레기는 결국
남이 아닌 우리 모두의 생활 문제라는 것을요.
그리고 그것은 누군가 대신 해결해 주는 문제가
아니라, 우리 모두가 스스로 질문을 던져야 하는
생활의 감각이라는 것을요.

『음쓰 웁쓰 — 비움을 시작합니다』는 음식물
쓰레기를 줄이자는 교과서 같은 캠페인이 아닙니다.
이 책은 누군가의 일상에서 남겨졌던 작은
찌꺼기들, 그리고 그와 함께 흘러간 감정, 시간,
귀찮음, 혹은 죄책감에 대한 기록입니다.

남겨졌지만 잊히지 않는 것들, 버렸지만 마음에 남는 것들. 그 모든 잔여를 정리하고 싶은 하루의 끝에, 어쩌면 〈더 플렌더〉라는 이름의 조용한 녀석이 함께할지도 모르겠습니다. 이 책을 통해 조금 덜 남기고, 조금 더 비우고 싶은 마음이 생기기를 바랍니다. 그리고 그렇게 비우는 일이 조금 더 나은 삶의 시작이 되기를 희망합니다. 감사합니다.

> 2025년 9월 3일,
> 나세훈 최고디자인책임자(CDO)

차례

프롤로그	음식물 쓰레기에 대하여	005
미깡 엽편 소설	지금, 분쇄 중입니다	011
손현 에세이	네가 변해야 모든 게 변한다	031
임수민 에세이	정서적 〈비움〉을 찾고 싶은 사람들에게	055
정두현 에세이	버리는 마음	083
이민경 에세이	음식을 대하는 자세	101

지금, 분쇄 중입니다
미깡 엽편 소설

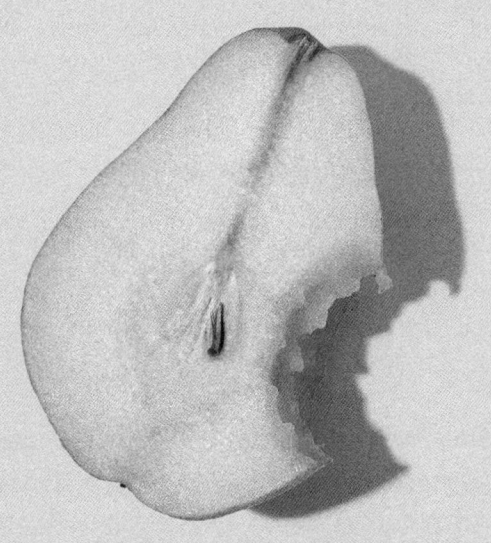

나는 쓰레기봉투를 내다 버리면서 혼자 결심했다. 다음부턴 절대 음식물 쓰레기 따위로 싸우지 않겠다고. 그런 일로 상처받지도 않겠다고.

미깡

만화가이자 에세이스트다. 웹툰 「술꾼도시처녀들」, 「하면 좋습니까?」, 출판 만화 『거짓말들』, 에세이 『해장 음식: 나라 잃은 백성처럼 마신 다음 날에는』 등 다수의 작품을 발표했다.

「우웁!」
기정이 오른손으로 급히 입을 틀어막는다. 뱃속에서부터 뭔가가 올라오는 듯 상체가 크게 꿀렁인다. 잠깐 멈춰 있다가 어깨를 들썩이며 또 한 번. 소파에 앉아 노트북으로 뭔가를 하고 있던 태오가 두 번째 소리에 벌떡 일어났다.
「뭐, 뭐, 뭐야, 지금? 이, 입덧이야?」
기정은 가쁜 숨을 고르며 고개를 돌렸다.
「된장….」
작게 웅얼거리자 태오가 미간을 찌푸린다.
「젠장? 제엔장?」
깨달은 듯 자기 아랫도리를 굳이 내려다보는 태오.
「푸, 풀렸나? 임신?」
기정이 폭발하고 만다.
「풀리긴 뭐가 풀려! 된장이라고, 된장! 이놈의 된장 치즈인지, 치즈 된장인지, 이것 때문에 토할 뻔했잖아! 아, 쏠려… 우읍!」
그제야 그녀의 뒤로 음식물 쓰레기통이 놓여 있는 게 눈에 들어왔다. 뚜껑을 금세 닫았는데도 퀴퀴한 냄새가 거실까지 퍼진다.
「그거 왜 열었어? 내가 내일 버릴 건데.」
「지금. 당장. 갖다. 버려!」

사건의 발단은 2주 전으로 거슬러 올라간다.
1개월 차 신혼부부 기정과 태오는 결혼 전부터 〈집안일은 똑같이 나눠서 하자〉고 약속했다. 둘은 같은 회사에 다녔다. 업무 스케줄 그러니까 퇴근 시간도, 휴가 일수도 비슷하다. 결혼 자금도 반반 냈다. 꼭 그런 계산이 아니더라도 한집에 사는 두 사람이 집안일을 함께하는 건 너무도 당연한 일이었다. 하지만 혼전 평등 약속을 실제로 지키는 남자가 드물다는 경험담이 자꾸 들려왔고, 그걸 통계청 조사 결과로도 확인하자, 기정은 성혼 선언문에 〈집안일 평등〉 조항을 급히 추가해 사백 명의 하객 앞에서 또박또박 낭독까지 했다.
문제는 그 약속을 어떻게 지킬 것인가였다. 두 사람은 신혼여행에서 돌아오자마자 엑셀 시트를 열어 집안일 목록을 적었다. 요리, 설거지, 빨래, 청소, 쓰레기 정리하기, 쓰레기 버리기….
「힘쓰는 건 내가 맡을게.」
태오가 먼저 말했다.

「빨래랑 청소. 쓰레기는 정리를 네가, 바깥에 내다 버리는 건 내가.」
「그럼 요리, 설거지가 나?」
기정이 인상을 찌푸렸다.
「좀 아닌 것 같은데.」
「왜? 2.5개씩이잖아.」
「개수로 나눌 게 아니라 노동 투입량을 봐야지.」
기정이 칸을 늘리고 함수를 입력했다.
「잘 봐, 청소는 주 2회 30분씩이면 총 60분. 요리는 아침저녁 하루 두 번. 주말 빼고 주 10회만 쳐도 한 번에 1시간씩 총 600분이잖아. 열 배 차이 나거든?」
「에이, 시간만 따지면 안되지.」
태오가 노트북을 자기 쪽으로 끌어당기더니 새 셀에 함수를 추가했다.
「체력 점수도 넣자. 청소는 8, 빨래는 5. 요리는 한 2쯤 되려나?」
「요리는 머리를 써. 계획, 타이밍, 감각, 계산력까지 필요하거든?」
기정이 탭을 두드리며 셀을 한 줄 더 추가했다.
「인지 노동 점수 넣을게.」
그렇다. 두 사람은 이과 출신에, 프로그래머들이다. 정확한 답이 안 나오면 잠 못 자는 족속. 공정은 본능, 디버깅은 운명이다.
「진짜 공평하게 하려면 역할을 번갈아 가며 맡는 게 답이야. 당번제로 가자.」

그렇게 도입된 집안일 당번제. 일주일 단위로 둘의 역할이 바뀐다. 청소, 빨래 이야기는 접어 두자. 그쪽 일은 대체로 평탄했다. 문제는 주방이었다. 식사 당번은 일주일간 장보기, 요리, 설거지, 뒷정리까지 모든 일을 전담한다. 주방의 지배자, 식탁의 왕이다. 왕의 요리에 간섭도 비판도 금지. 비당번에게 허용된 유일한 대사는 〈맛있다〉뿐이다.

기정이 첫 번째 왕이었다.
월요일 아침. 냉장고 문에는 깨알같은 글씨의 점검표가 붙었다. 냉장고 안에 어떤 재료가 얼마만큼씩 남아 있는지 적혀 있고, 재료 소진 계획표까지 첨부되어 있었다. 유통 기한이 임박한 달걀이 오늘의 공략 대상. 끄트머리가 누렇게 시들기 시작한 대파를 듬뿍 다져 넣어 된장국도 끓였다.
「오~ 달걀말이에 된장국? 제법인데?」
「어허! 왕에게 이 무슨 막돼먹은 말버릇이냐?」
「아차차! 여왕 폐하~ 아침부터 뜨끈한 한식이라니. 황송하옵니다!」
「암, 그래야지. 저녁은 네놈이 요즘 환장하는 단백질 요리를 하겠노라. 바로 두부 스테이크라는 것이다.」
「성은이 망극하나이다!」
남은 채소를 스틱으로 썰어 도시락통에 넣으며 기정은 한껏 뿌듯했다.

〈이게 바로 기정 스타일. 냉장고도 계획 경제!〉
수요일엔 위기가 찾아왔다. 감자가 문제였다. 여덟 개 중에 다섯 개나 싹이 나 있길래 전부 처치하기로 마음먹은 기정. 감잣국에 감자 조림을 만들고 그래도 남은 감자는 감자전을 부쳤다. 강판에 감자를 갈면서 소위 〈현타〉가 왔다. 하루 종일 힘들게 일하고 퇴근해서, 푹 쉬어야 할 시간에 내가 뭘 하고 있는 거지? 태오의 반응이 기름을 부었다.
「이게 웬 감자밭이야? 강원도에서 진상품이 올라왔나~」
「진상짓 하지 말고 그냥 먹어라.」
「나 감자 별로 안 좋아하는데….」
「남겨, 그럼. 내가 먹을게.」
기정이 태오의 감잣국 그릇을 뺏어서 보란 듯이 후룩후룩 먹고, 감자전을 팍팍 찢어 입에 넣었다. 과식한 탓에 밤새 속이 더부룩했다.

금요일 저녁, 기정은 냉장고를 뚫어져라 들여다봤다. 당번으로서 차리는 마지막 식사였기에, 자투리 채소를 모아 볶음밥을 하려고 마음먹었다. 처음부터 계획표에 적어 둔 메뉴였다. 그런데 남은 채소 종류가 생각보다 많았다. 양파, 당근, 감자, 브로콜리, 양배추, 대파, 무. 이걸 다 넣자니 많고, 조금씩 남기자니 애매했다. 기정은 고민 끝에 모든 재료를 썰어 넣고 볶았다. 냄새를 맡고 태오가 식탁으로 와 앉았다.
「맛있는 냄새…에 그렇지 않은 비주얼이네. 이게 뭐야? 채소 볶음?」
「채소 볶음밥이야.」
「밥이 안 보이는데?」
「있어. 먹어 봐.」
태오가 볶음밥을 한입 넣고 눈을 가느스름하게 떴다.
「이건 채소 볶음밥이 아니라 밥이 살짝 들어간 채소 볶음…」
「당번이 왕이라며? 무조건 맛있게 먹는 거 몰라?」
「알긴 아는데 이건 너무 풀떼기들만…」
「됐어, 내가 다 먹을 거야.」
하지만 기정의 입에도 맛이 없었다. 특히 서걱서걱한 무 조각이 꼭 사료를 먹는 것 같았다. 그럼에도 한입, 또 한입, 억지로 씹어 삼키는 자신을 보며 문득 초라하다는 생각이 들었다.
「하, 음식물 쓰레기 줄이겠다고 내가 이걸 다 먹고 앉아 있네.」

기정이 음식물 쓰레기를 만들지 않으려고 필사적으로 구는 데는 이유가 있다. 신혼집으로 구한, 지은 지 25년 된 낡은 아파트. 각 가정의 음식물 쓰레기는 아파트 단지 내 커다란 공용 음식물 쓰레기통에 넣어야 하는데, 여러 세대가 함께 쓰다 보니 투입구 주변이 늘 지저분했다. 뚜껑을 열고 닫을 때 손에 음식물이 묻는 거야 비닐장갑을 끼면 되지만 냄새가 문제였다. 비위가 약한 기정은 마스크를 뚫고 들어오는 악취에 번번이 구역질을 하고 말았다. 식사 당번인 일주일 동안 음식물 쓰레기를 만들지 않으면 그 끔찍한 장소에 가지 않아도 되는 것이다!

바닥에 떨어진 양배추 조각을 들어 한참 보다가 음식물 쓰레기통에 넣었다. 3리터짜리 통은 절반가량 차 있었다. 다음 주에 태오가 비우겠지. 폭탄 돌리기 성공이다. 기정의 입꼬리가 살짝 올라갔다. 어찌저찌 한 주가 지났고 왕은 물러난다. 그리고 새로운 당번, 태오가 주방에 입성할 차례다.

「드디어 나의 시대가 왔도다! 으하하핫!」
월요일 아침, 태오가 기세등등하게 외쳤다. 기정이 모처럼 아침 시간의 여유를 만끽하며 식탁 의자에 앉았다.
「뭐 해줄 건데?」
「어허! 무엄하도다! 예를 갖추지 못할까!」
「그거 좀 질린다. 이번 주는 다른 나라 왕으로 하면 안 돼?」
「어? 그래? 그럼 영국… 잠깐, 거긴 여왕이잖아.」
「돌아가셨잖아. 지금은 그 아들이고.」

「아, 그렇지. 왠지 한 백 년째 살아 계신 것 같아서.」
태오가 준비한 아침 메뉴는 화려했다. 플레인
요거트에 오트밀, 시리얼, 블루베리, 꿀, 바나나,
아몬드….
「이름하여 〈요거트 곡물 컵 with 토핑 of 진심!〉」
「거창하네요.」
「입맛대로 골라 먹는 뷔페 스타일이야. 선택의 자유!
풍성한 아침!」
「네네~ 잘 먹겠습니다~」
기정은 주방 일이 자기 손을 떠났기에 그저 좋을
뿐이었다. 아직까진 그랬다.

그날 저녁. 기정이 긴 하루를 마치고 집에 들어섰다.
반반차를 내고 일찍 퇴근한 태오는 디지털 도어락
소리가 들리자마자 주방에서 바닥을 미끄러지듯
나와 양팔을 쫙 벌리며 기정을 맞이했다.
「백성이여, 돌아왔느냐! 오늘 저녁 메뉴는 〈치즈
푸딩 리조또 on 단호박 볼 with 스리라차
크림〉이도다. 디저트는 〈계피 콩포트 요구르트〉!」
「…뭐?」
오렌지색 단호박 볼 안에 담긴 노란색 리조또. 그
위를 흐르는 물컹한 치즈 소스. 덩어리째 없는 하얀
크림. 리조또 사이사이에는 정체를 알 수 없는
통조림 콩이 박혀 있었고, 스리라차는 소용돌이처럼
둥글게 흩뿌려져 있었다.

「대체 어느 나라 음식이야?」
「퓨전이지. 이탈리아 플러스 태국 플러스 미국이랄까?」
「…영국 왕이…」
태오는 못 들은 척했다.
「유튜브에서 보고 이것저것 조합해 봤어. 자, 얼른 먹어 봐.」
기정은 한 숟갈 퍼서 입에 넣고 천천히 씹었다. 형언할 수 없는 맛이 뒷골을 강타했다.
「와… 달고 짜고 매운데 느끼해. 와, 이거 뭐지? 어쩌라는 거지?」
「네가 지금 시각적 선입견을 갖고 있어서 그래. 눈을 감고 맛을 음미해 봐. 미각의 여행이라구. 자, 먼저 태국이다? 매콤매콤? 이제 저 멀리 이탈리아로 간다? 꾸덕꾸덕 치즈 풍미?」
정신 사나운 가운데서도 기정은 예의상 몇 숟갈 더 먹어봤다. 하지만 도저히 다 먹을 자신이 없었다. 슬그머니 숟가락을 내려놨다.
「창의성은 인정하지만 너무 자극적이어서 못 먹겠다. 양은 또 왜 이렇게 많아?」
기정의 시선이 음식물 쓰레기통 쪽으로 향하자, 태오가 빠르게 손사래를 쳤다.
「아냐, 아냐, 이거 안 버려. 잘 뒀다가 내가 먹을 거야. 진짜야.」
「이걸 또 먹겠다고?」

「미각도 새로움에 적응이 필요하거든. 그리고 원래 하루 묵힌 음식이 더 맛있잖아.」
그날 밤, 식탁은 깨끗하게 치웠지만 냉장고엔 랩을 덮은 접시가 덜그럭 소리를 내며 들어갔다. 태오는 음식물 쓰레기통 뚜껑을 열다 말고 코를 찡그렸다. 벌써 거의 다 찬 쓰레기통. 왕좌에 앉은 지 겨우 하루가 지났다.

화요일 오후, 회사 회의실.
「A안으로 확정 짓죠.」
기정이 노트북에서 눈을 떼지 않은 채 말했다.
「왜? B안도 괜찮잖아. 한 번만 더 시뮬 돌려 보면….」
태오가 맞은편 책상에서 고개를 들었다.
「박태오 씨, 시간 없어요. 내일이 마감이에요.」
기정의 말투가 평소보다 더 뚝뚝했다. 둘은 같은 층, 옆 부서에서 일한다. 결혼 후에도 일터에서는 공적인 태도를 유지하자고 약속해 놓고 또 이렇게 은근슬쩍 반말을 하는 태오가 기정은 못마땅했다. 태오가 태연히 말했다.
「B안은 데이터 상 가능성은 낮지만, 전략적으로 한번쯤 밀어 볼 가치는 있잖아.」
기정은 코웃음을 쳤다.
「어제 만든 리조또 생각나네.」
「엉?」
「말은 번지르르한데 먹을 수가 없어.」

「그 얘기가 지금 왜 나와?」
「마감이 코앞인데 무슨 실험 정신을 발휘하냐고? 새로운 것보다 확실한 걸로 가야지!」
태오가 당황한 얼굴로 머리를 긁적였다.
「그래, 알았어⋯. A안으로 합시다. 이따 봐요.」
태오가 먼저 일어나 회의실을 나갔다. 기정 옆에 앉아 있던 후배가 노트북을 덮으며 슬쩍 눈치를 봤다.
「와, 그래도 박 대리님 엄청 가정적이시네요. 집에서 리조또도 만드시고.」
기정이 고개를 돌려 후배를 바라봤다.
「나도 집에서 요리해. 근데 나한텐 가정적이라고 하는 사람이 없더라?」
후배는 〈아차〉 하는 얼굴이 됐고, 기정은 의자를 뒤로 벌컥 밀고 일어섰다. 속에서부터 은근하게, 그러나 확실하게 짜증이 차올라 있었다. 대체 왜 이렇게 열이 받는 거지?

화요일과 수요일엔 둘 다 야근을 하느라 회사에서 저녁을 먹었다. 목요일에는 부서 직원의 부친상으로 함께 상갓집에 가서 육개장을 먹었다.
「이번 주 식사 당번, 운이 좋으시네요? 저녁 한 번밖에 안 했지? 부럽다?」
금요일 아침, 기정의 말에 태오는 억울한 표정을 지었다.

「아니거든? 그날의 실패를 만회하려고 얼마나 벼르고 있었는데? 오늘은 진짜 기대해도 돼. 난이도 상. 감동 요리 간다!」

「또 뭘 하려고…. 그냥 평범한 거 먹으면 안 돼?」

「힌트를 주지. 된~장~」

「오~ 드디어 된장찌개가 나오는 건가?」

「비슷해. 근데 좀 더 스페셜하지.」

기정이 눈을 흘겼다.

「스페셜한 된장이라…. 과연….」

기정은 못미더운 마음 반, 기대하는 마음 반으로 퇴근했다. 태오가 회심의 미소를 지으며 현관까지 마중 나왔다.

「오늘 저녁은 아주 스페셜한 된장 요리입니다. 이름하여… 〈된장 크림 치즈 파스타〉와 〈된장 소스 미트볼〉! 짜잔!」

기정이 구두를 벗다 말고 굳었다. 냄새가 심상치 않았다. 주방으로 들어가 조심스레 냄비 뚜껑을 열었다. 표면에 기름이 둥둥 뜬 된장 크림 소스, 옆 냄비에는 이미 모양이 뭉개진 미트볼이 절망적으로 졸여지고 있었다. 냄새, 불길하다. 비주얼, 최악이다. 하지만 맛은 의외로 괜찮을지도 모른다는 일말의 희망을 안고 기정은 뒤로 물러났다. 손을 씻고 옷을 갈아입고 머리카락을 질끈 묶은 뒤 식탁에 앉았다. 한 숟갈. 그리고 두 숟갈.

「어때? 된장의 깊은 맛이 느껴지지?」

「…넌 어때? 솔직히.」
태오가 눈알을 이리저리 굴리다 답했다.
「좀 애매하네. 솔직히.」
「난 쓰레기 같은 맛이 나. 솔직히.」
기정의 발언에 태오가 기겁한다.
「거 말이 너무 심한 거 아니오?」
기정의 목소리는 점점 더 차갑게 가라앉았다.
「이거 또 다 남기면 어쩔 셈이야?」
「내가 나중에 먹…」
말이 끝나기 전에 기정이 벌떡 일어나 냉장고를 열었다. 월요일에 만든 주황색 리조또 접시가 랩에 싸인 채 그대로 있었다.
「이 리조또 결국 버리겠지? 이 된장 치즈 어쩌고도? 왜 이렇게 막 만들고 막 버려? 나는 음식물 쓰레기 줄여 보겠다고 어떻게든 재료 다 쓰고, 남은 거 싹 먹어 치웠어. 근데 너는 남을 게 뻔한 요리를 해대지. 왜? 재미있으니까!」
태오의 얼굴에서 장난기가 서서히 걷혀 갔다.
「나 요리 처음이잖아. 내가 뭘 얼마나 잘하겠냐. 기왕 하는 거, 새로운 시도도 해보고 재밌으면 좋잖아.」
「재미 좋지. 근데 음식이면 먹을 수 있어야 되잖아. 왜 이렇게 음식 귀한 줄을 몰라?」
「그럼 너는 음식이 귀해서 〈먹어 치운다〉고 표현하냐? 너 그냥 쓰레기통 비우기 싫어서 억지로

꾸역꾸역 먹는 거잖아.」
기정은 말문이 막혔다. 생각해 보면 자신은 늘 음식을 〈먹어 치운다〉, 〈먹어 없앤다〉는 말로 표현해 왔다. 그건 음식에 대한, 그리고 나 자신에 대한 존중은 아니었다. 입을 다문 기정 앞에서 태오가 조용히 일어나 접시를 치우기 시작했다. 기정은 안방에 들어가 이불을 덮고 누웠다.
30분쯤 지나 둘은 주방에 마주 앉았다. 비운의 된장 파스타와 미트볼을 먹는 둥 마는 둥 하는 바람에 배가 고팠다. 기정이 토마토를 썰었고, 둘은 말없이 그것을 먹었다. 결혼하고 첫 다툼이었다.
기정은 생각했다.
〈나름 열심히 만든 음식인데 쓰레기라고 한 건 심했지….〉
사과할 용기는 안 났지만, 미안한 마음을 전하고는 싶었다. 부드러운 목소리로 말했다.
「아까 애썼어. 이건 내가 치울게. 좀 쉬어.」
태오가 소파로 가 앉았다. 기정은 토마토 꼭지를 들고 음식물 쓰레기통을 열었다. 그 순간 숨이 콱 막혔다. 한때 된장이었던 그 무언가가 기괴한 형태로 짓이겨진 채 뚜껑 아래를 꽉 채우고 있었다.
〈하, 결국 버렸네. 아까 그런 얘기를 나눴으면, 최소 한 번은 더 먹어 보려는 성의라도 보여야 하는 거 아니야?〉
기정은 욱했다. 처음엔 감정이 욱했고, 두 번째는

진짜로 속이 욱했다. 헛구역질이 나온 것이다.
「그거 왜 열었어? 내가 내일 버릴 건데.」
「지금. 당장. 갖다. 버려!!」
기정의 고함에 태오가 눈을 크게 떴다. 말없이 음식물 쓰레기통을 집어 들고 현관 쪽으로 향했다. 문이 닫히자 정적이 내려앉았다. 기정은 식탁 의자에 털썩 주저앉았다. 두 손으로 얼굴을 감싸 쥔 채, 왜 이렇게 화가 나는지 골똘히 생각해 봤다. 잠시 후 태오가 빈 통을 들고 돌아왔다. 둘은 한동안 말없이 서로를 바라봤다.
기정이 먼저 입을 열었다.
「…미안. 소리 질러서.」
「나도 미안. 앞으로는 음식 낭비하지 않을게.」
태오가 이어서 조심스레 물었다.
「된장 크림 치즈… 진짜 최악이었어?」
기정은 웃음을 꾹 참으며 고개를 끄덕였다.
「진짜… 최악.」
태오도 따라 웃었다. 싸늘했던 공기가 조금씩 녹아들었다.
「다시 정하자.」
기정이 말했다.
「우리 진짜, 더 안 싸우려면… 뭔가 해결책을 찾아야 할 것 같아.」
태오가 노트북을 가져와 식탁 위에 펼쳤다.
「집안일 프로토콜 2차 회의, 시작하시죠.」

「식사 당번제를 한 주씩 해본 결과, 우리가 스트레스 요소를 간과했던 것 같아. 스트레스 점수도 가시화해야 해.」

기정의 말에 태오가 고개를 끄덕이며 새 셀을 만든다.

「각자 변수부터 넣어 보자.」

기정이 변수를 입력하고 설명했다.

[스트 = (남 × 냄) + (창 × 5)]

「내 스트레스 계산식은 이거야. 남은 음식이 많고 냄새가 심하며, 창작 요리 시도가 많을수록 스트레스가 올라가는 구조.」

「오케이. 그럼 내 짜증 점수도 만들어 볼게.」

이번에는 태오가 입력했다.

[짜 = (혼 × 비) ÷ 기]

「기대를 많이 했는데 혼나거나 비웃음당하면 더 짜증 나고, 기대 안 했는데 혼나면 덜 짜증 나는 구조임.」

기정이 피식 웃는다.

「그래서, 우리 둘 다 지금 수치가 높은 거 맞지?」

「맞아. 대책이 필요해.」

기정이 〈해결책〉 표를 만들었다.

「창작 요리는 예고제를 도입하자. 사전 동의 없으면 금지야.」

「가혹하네….」

「리조또와 된장 사태를 잊었어? 대신 나는 혼내기와

비웃음을 최대한 참아 볼게.」
「오! 좋아!」
「그리고 아까 네 말 듣고 가만히 생각해 봤는데… 내가 음식을 대하는 태도라든가 너한테 화났던 이유가… 음식물 쓰레기에 대한 스트레스 때문인 것 같아. 나 그 냄새 정말 싫어. 그거 들고 엘리베이터 타는 것도 싫고, 공용 처리기 투입구 진짜 더러워서 갈 때마다 토할 것 같아.」
「그럼 음쓰 문제를 해결하자. 음식물 쓰레기 처리기를 사는 거야.」
「우리집에 처리기를? 비싸지 않아?」
「생각보다 안 비싸. 외식 몇 번만 안 하면 돼.」
「자리 차지 많이 하면 안 되는데.」
「당연하지.」
「소음도 없어야 되고.」
「없지, 없어.」
「미생물 그런 거 번거롭다던데…」
「분쇄야, 분쇄.」
「…벌써 알아본 거야?」
태오가 씩 웃으며 노트북을 기정 쪽으로 돌리더니, 음식물 쓰레기 처리기의 가격과 성능과 디자인을 비교 분석 정리한 엑셀을 띄웠다.
「아까 저기 앉아서 리스트업 했지. 기정의 평화, 가정의 평화를 위해!」
둘이 마주 보고 빙긋 웃었다. 첫 부부싸움의 발단이

된 문제는 이렇게 깔끔하게 분쇄 완료!

「야식 먹을까?」
「두말하면 잔소리지!」

네가 변해야 모든 게 변한다
손현 에세이

감정의 쓰레기통에
쌓인 걸 다 쏟아 냈다.
그러고 나서야
음식물 쓰레기도 버릴 수
있었다.

손현
서울 북촌에 산다. 별일 없으면 간단히라도 세끼를 모두 챙겨 먹는다. 저녁은 가급적 아내와 다섯 살 송이와 집에서 먹고자 한다. 종종 아이가 남긴 음식은 내 몫이 되지만, 나조차 못 먹겠으면 음식물 쓰레기 처리기로 넘긴다. 이따금 모터사이클 배기음이 들리면, 나도 모르게 소리가 나는 쪽으로 고개가 돌아가는 습관이 생겼다.

1. 미안해 수박, 미안해 애호박

아내가 카레를 만들었다. 아직 맛은 못 봤다. 오랜만에 잡힌 저녁 약속 때문에 어제 귀가가 늦었기 때문이다. 오늘은 토요일 아침. 아내가 아이와 외출 준비를 하는 동안, 나는 부엌으로 가서 고무장갑을 낀다. 밀린 설거지를 시작한다.

〈글 써야 하는데.〉

아직 마감하지 못한 원고 하나를 떠올린다. 내가 인지하는 마감에는 두 종류의 버전이 있다. 편의상 하나를 1차 마감, 다른 하나를 2차 마감으로 부르겠다. 1차 마감은 담당자가 알려 준 날짜다. 원고를 제안받은 저자들이 이런저런 사정으로 늦게 보낼 걸 감안하여, 여유 있게 데드라인을 잡는 경우다. 결과물의 발행이나 인쇄 시기를 역산하여

꼭 데이터를 넘겨야 하는 시점이 2차 마감이다. 1차 마감은 이미 지났고, 2차 마감이 코앞이다.

〈내일쯤이면 보내야 할 텐데. 쓸 수 있겠지?〉

일단 수도꼭지의 물을 튼다. 글은 마감이 쓴다는 말도 있지 않나. 그나저나 어제 그 모임에 가지 말았어야 했나. 한때 같은 조직, 프로젝트에 속해 한마음으로 달리던 동료들인데 시간이 지나 소속, 생애 주기, 관심사가 달라지면서 처음으로 재미가 없다고 느꼈다. 공통의 대화 주제를 찾으려면 노력이 필요했다.
이미 지나간 일. 부질없고 쓸데없는 생각을 주방 세제 묻힌 수세미로 벅벅 씻어 낸다. 개수대에 쌓인 접시가 조금씩 줄어든다. 스테인리스 스틸 팬 바닥에 굳어 있는 카레에 뜨거운 물을 받아 불려 놓는다.
냉장고 문을 연다. 어제 만든 카레가 담긴 통이 보인다. 잊고 있던 다른 반찬 통도 보인다. 아내가 호기롭게 수박 한 통을 사서 한입씩 먹기 편하도록 잘라 놓은 다음, 나머지를 냉장고에 보관하던 장면이 떠오른다.
「이거 나중에 송이랑 간식으로 먹어.」
초반에 열심히 먹긴 했다. 최근 1~2주 동안 부부 둘 다 일이 바빠지면서 수박을 깜빡했다. 수박 통을 여니 시큼한 냄새가 난다. 상해 버렸네. 미안해 수박.
다른 통을 여니 반조각 남은 애호박도 상태가 좋지
않다. 미안해 애호박.

설거지를 마쳤다. 싱크대 거름망에 남은 음식물과
상태가 좋지 않은 수박, 애호박 조각들을 음식물
쓰레기 처리기에 넣는다.

재생(▶)처럼 생긴 버튼을 누른다. 신나는 노래 대신
프로그래밍된 여성의 음성이 나온다.

「친환경 음식물 쓰레기 처리를 시작합니다.」

몇 시간 뒤면, 잔반들은 부글부글 뜨겁게 달궈져
한데 섞인 다음, 잘게 부서져 재처럼 가루로 남겠지.

2. 먼지, 녹, 재

고무장갑을 벗는다. 오른쪽 팔꿈치와 손목 사이에
새겨진 타투가 눈에 들어온다.

⟨DUST, RUST, ASH⟩

아, 내게도 타투가 있었지? 서른한 살이 되던 해,
아마도 처음이자 마지막이 될 타투를 했다. 그때만
해도 타투 하나를 하려면 큰 각오를 해야 했고 이걸
몸에 새기는 순간 내 인생이 크게 바뀌는 줄 알았다.
불과 10년 만에 존재마저 망각하다니. 하긴, 이런 게
비단 타투뿐이랴. 처음에는 가느다란 펜촉으로 쓴
듯 글씨가 얇았는데 세월이 흐르면서 제법
두툼해졌다.

내 몸 일부에 DUST, RUST, ASH를 새긴 이유. 결국 우리 모두는 먼지가 되어 사라지고 녹슬고 재가 되니까 있을 때 잘하자고.
— 2014년 12월 9일의 메모

그즈음 2종 소형 면허(모터사이클 면허)도 땄다. 2015년 5월, 첫 직장을 관두고 돌아올 기약 없이 모터사이클 여행을 떠났다. 타투에 새긴 문구 〈먼지, 녹, 재〉는 결과적으로 그 여행을 대변하는 단어가 됐다. 러시아 블라디보스토크에서 스페인 바르셀로나까지 반년 동안 약 2만 6천 킬로미터를 주행하는 동안, 모터사이클을 비롯해 마음에 쌓인 먼지, 녹, 재를 닦아 내는 게 주된 일과였기 때문이다.

특정 시기의 강렬한 경험은 이미지로 남는다. 온종일 모터사이클을 탔더니 그때 경험이 주로 시각과 청각 이미지로 남았다. 끝없이 이어진 도로와 지평선, 바람이 헬멧에 부딪혀 부서지는 소리, 엔진 배기음, 차체의 진동이 종종 마음에서 같이 재생된다.

당시 퇴사 직전까지 오전 8시 출근, 오후 6시 퇴근을 반복하던 터라, 여행자 겸 백수가 돼서도 그 패턴을 유지하고자 노력했다. 오전 4시간 주행, 점심 먹고, 다시 오후 4시간 주행. 간혹 도로에서 열한 시간을 달리며 초과 주행한 적도 있고, 길을 잘못 들어

하루에 833킬로미터를 달린 날도 있다. 목적지에 도착하면 이미 하루치 에너지를 다 쓴 상태라, 모터사이클을 정비하고 따뜻한 물에 샤워를 하고 저녁을 먹다가 꾸벅꾸벅 졸았다.

무사히 집으로 돌아온 뒤, 가장 많이 받은 질문인 동시에 가장 의미 없는 질문은 〈그래서 어디가 제일 좋았냐〉는 거였다. 물론 틈틈이 관광을 했고 사람을 만났다. 하지만 내가 가장 오래 머문 곳은 모터사이클 안장 위였고, 가장 많이 본 풍경은 계기판 너머로 본 도로였다. 그저 계속 달렸다. 달리고 달리다가 이제 돌아가도 되겠다는 마음이 들어 귀국했을 뿐이다.
두 바퀴는 네 바퀴와 달리 멈추면 넘어진다. 이런 속성 때문인지 달릴 때면 멈추고 싶지 않은 관성이 생기고, 달리는 행위에만 집중한다. 왼쪽, 오른쪽 풍경을 호젓이 살피며 느긋하게 달릴 법도 한데, 막상 스로틀을 당길 때면 그럴 여유가 없다. 대신 끝없이 이어지는 도로에 놓인 하얀색과 노란색 선을 보며 묘한 안정감을 느끼곤 했다. 그 선들은 곡선 구간을 지날 때 출렁였고, 시야 끝까지 직선으로 죽 이어져 있으면 내가 멈춘 건 아닐까 착각할 정도로 정적이기도 했다. 소실점에 시선을 고정하고 온몸을 모터사이클 조작에 맞춘 뒤 한두 시간을 주행하면, 그때부터 마음이 자유롭게 움직였다. 어쩌면 그 순간을 기다렸는지도 모른다.

여정 초반 다양한 사건 사고로 시끌벅적했던 마음이 러시아를 지나 노르웨이의 멋진 풍경 앞에서 그 정점을 찍고, 서유럽으로 넘어오면서 잠잠해졌다. 이제는 거대한 자연이나 웅장한 건축물보다 사람들의 풍경 속에 감탄할 때가 더 많다. 더불어 스스로의 내면을 돌이켜 보는 시간을 가질 수 있어 좋다. 모터사이클에 앉아 있는 동안 두 손과 발이 브레이크와 기어, 클러치 조작으로 묶여 있어 사실상 내가 할 수 있는 것은 오직 생각뿐이기도 하다. 이걸 들은 인숙 씨는 〈몸을 앞세워 하는 수행〉 같다고 했다.
— 2015년 11월 3~6일 일기 중

한편 〈(육로로 연결된 곳이라면) 어디든 홀로 갈 수 있다〉고 무한정 주어진 자유는 나를 고독하게 했다. 진정 자유롭다는 건 어떤 감정일까?

처음 모터사이클을 배에 싣고 동해 항에서 출발할 때 앞으로 다가올 여정에 대해 아무것도 몰랐던 것처럼, 마지막 여정지인 일본 나리타 공항을 떠나 집으로 돌아올 때에도 〈모르겠다〉란 네 글자만 남았다. 긴 여행을 다녀오면 인생의 실마리를 풀 법한 힌트 정도는 발견하는 줄 알았다.

똑 부러진 답을 쥐고 있지 못하는 상황이 속상했지만, 그럼에도 길에서 몇 가지를 배웠다. 내 원점이 어디에 뿌리를 두고 있는지, 내가 어디까지 갈 수 있는지, 그 한계를 아는 게 왜 중요한지 알았다.

그 어느 시절보다 세계를 크게 둘러보고 왔지만, 역설적으로 내 시선은 깊은 내면을 향하고 있었다. 나는 누구인가. 누구와 함께 살 수 있을까. 나의 길은 어디에 있을까. 그 길을 과연 찾을 수 있을까. 찾는다 해도, 용기 내어 걸어 볼 수 있을까. 자존감과 자존심이 덩달아 뒤엉키며 에고를 뜨겁게 달궜다.

3. 오반칙 퇴장을 주의하라

나름 길다고 생각했던 여행은 짧은 에피소드로 남았고, 10년이 지난 지금의 나는 음식물 쓰레기 처리기가 돌아가는 걸 멍하니 보고 있다. 주행을 갓 마친 모터사이클의 연료 통처럼 겉면이 뜨끈해지는 게 느껴진다.

〈서서히 음식물이 바짝 마르겠군.〉

2018년 5월, 결혼을 기점으로 나의 에고에도 변화가 생기기 시작했다. 몇 년 뒤 아이까지 태어나면서 소위 〈모터사이클 다이어리〉를 쓰던 남자는 육아 일기를 쓰는 양육자로 완전히 탈바꿈했다.

물론 사람은 쉽게 변하지 않는다. 1년 동안 온전히 아이를 돌보며 주 양육자로 보낸 시간 동안 시행착오를 겪었고, 덕분에 에고를 온전히 분쇄할 수 있었다.

또 하나 기억나는 에피소드가 있다. 돌잔치 날 신을 양말 때문에 싸운 이야기다. 〈굳이 양말 갖고 다툰다고?〉 싶겠지만 양말에 못난 에고를 동일시하던 시절이었다.

2023년 4월. 돌잔치를 마치고 집으로 오는 길, 차 안에서 아내와 다투고 말았다. 서서히 억양이 높아지다가 아차, 싶어 송이를 살폈다. 행사 주인공은 피곤했는지 이미 자고 있었다. 나지막한 목소리로 아내에게 말했다.

「이따 집에서 마저 이야기하자.」

오후 9시 30분이 넘어 집에 도착했고, 송이는 마지막 분유도 마시다 말고 잠들었다.

「피곤한데 내일 이야기할까?」

「아니야, 서로 불편한 기분으로 시간만 끌면 오히려 안 좋을 거야.」

그 와중에 맥주 한 모금이 절실해 캔 하나를 땄다. 치이익. 효모가 발효하면서 내뿜는 탄산가스 소리가 유독 요란했다. 그날 밤은 그동안 쌓인 걸 다 꺼내야겠다고 다짐했다. 설령 그게 맥주 거품처럼 시간이 흐르면 꺼질 걸 알면서도.

아내는 물 한 잔, 나는 맥주 한 잔을 놓고 대화를

이어 나갔다.
「서로에게 서운한 게 있으면 하나씩 말해 보자. 고쳤으면 좋겠는 점도 하나씩 알려 줘.」
내가 하나씩 알려 달라고 한 이유는 단순하다. 둘 이상 넘어가면 기억을 못하기 때문이다. 하나조차 고치기 어려워 집안 행사를 마칠 때마다 티격태격해 왔다. 예전에도 사소한 아이템 때문에 다툰 적이 있었다. 이번에는 넥타이와 정장 양말이다. 역시 사소하긴 마찬가지. 모두 내가 챙겨야 하는 것들이다.
「송이 돌잔치 때 당신 넥타이랑 정장 양말만 잘 챙겨 줘. 검정 양말 신어 줘.」
몇 주 전부터 아내가 신신당부를 했지만, 나는 건성으로 대답하고 챙기지 못했다. 변명을 하자면 육아 휴직을 개시하기까지 회사 일을 마무리 짓느라 바빴고, 휴직 뒤에는 육아를 전담하느라 매일매일 그로기 상태가 되어 뻗었다. 한편 내가 좋아하는 테니스는 꼬박꼬박 치러 갔으니 변명이 맞다. 실은 무심했다.

아내는 돌잔치에 관한 모든 걸 준비했다. 나는 넥타이와 정장 양말 하나 제대로 챙기지 못해 아내에게 싫은 소리를 듣고 말았다. 다른 색상의 양말을 준비했다. 이렇게 팩트만 적으면 잘잘못이 분명한데, 어리석은 나는 또 실수를 범했다. 연료가

다 떨어진 전투기 안에서 비상 탈출 핸들을 당겼어야 했는데 전투기를 살리겠다며 비상 착륙을 시도한 격이랄까.

「그깟 양말 하나 내 마음대로 신게 좀 내버려 둬. 왜 이것까지 간섭해?」

전투기는 비상 착륙에 실패했고 거친 바다 표면에 수직으로 박혔다. 아내 마음에도 생채기가 났다. 육아 휴직을 사용하며 다짐한 게 세 가지 있는데 그중 하나가 나 때문에 깨져 버린 순간이었다. 아내에게 화내지 않기. 아이에게 화내지 않기. 스스로에게 화내지 않기.

아내는 나보다 앞서 1년 3개월 동안 육아에 전념했다. 출산 휴가와 육아 휴직 동안 내게 서운한 점을 토로했다.

「〈배철수의 음악캠프〉가 마지노선이었어. 이거 끝날 때까지 당신을 얼마나 기다렸는지 알아? 버티고 또 버텼다고. 당신 육아 휴직 때 곰곰이 느껴 보길 바라.」

야근을 많이 한 건 아니지만 내 귀가 시간은 종종 오후 8시를 넘기는 등 애매하게 늦었고, 〈오늘은 꼭 일찍 퇴근하겠다〉는 말로 아내를 더 힘들게 했다. 나는 인정할 수밖에 없었다. 육아 휴직 겨우 3주 만에 일상이 버겁다고 느꼈다.

〈누가 주부들이 집에서 쉰다고 했어?〉

아이를 돌보며 집안일을 해내는 건, 육체적으로도

감정적으로도 곤란한 업무였다. 어쩌다 아내가 일찍 귀가하는 날이면 그렇게 든든하고 고마울 수가 없었다. 7시까지만 귀가해 줘도 기쁘더라. 자정 무렵, 나는 다툼 막바지에 잘못을 인정하며 사과했고 너무 피곤해진 우리는 금세 잠들었다. 다음 날 아침, 영문도 모를 송이가 먼저 깼다. 아내가 늦잠을 잘 수 있도록 나는 송이를 유아차에 태워 밖으로 나섰다. 일요일의 청계천은 전날 다툼이 가소로울 정도로 평화로웠고, 공기도 모처럼 깨끗하고 상쾌했다.
마트에서 장만 보고 오려고 했는데, 아까운 날씨라 아내에게 전화를 걸었다.
「날도 좋은데, 근처에서 간단히 아점이라도 먹을까?」
송이가 낮잠이라도 자면 참 좋았을 텐데, 아이는 도무지 잘 생각이 없어 보였다. 우리는 대신 신당 중앙시장 근처에 갓 생긴 에스프레소 바에 들러 음료를 한 잔씩 주문했다.

네가 변해야 모든 게 변한다
Everything Changes When You Change

에스프레소 바 유리창에 붙은 문구를 읽으며 현타가 왔다. 작가이자 연설가 짐 론 Jim Rohn의 말이란다. 우리의 부부 싸움에는 패턴이 있다. 갈등 상황에서 둘 다 서로에게 솔직하게 이야기하는 편인데 매번 내 말이 엇나간다. 후반부에 이르면 뿌옇던 게 또렷이 보인다. 그건 바로 내 잘못. 〈이번에도 내 잘못이 맞구나.〉 상대 입장에서 충분히 공감하며 복기해 보면 이렇게까지 싸울 일이 아님을 깨닫는다. 빳빳한 재질의 새 검정 양말 하나만 잘 챙기면 됐을 일인데. 나부터 변했어야 했는데. 머쓱해진 나는 짐 론의 문장을 보며 다시 용서를 구했고, 우리는 다행히 다툰 뒤 24시간 내에 화해할 수 있었다.

「현 님이 당시 어떤 기분이었을지 알 것 같아요. 저도 반항아 기질이 있잖아요. 하지만 전 1차 경고를 절대 무시하지 않아요. 농구 경기에 비유하면 파울foul이잖아요. 파울이 누적되면 바로 퇴장당한다고요.」
며칠 뒤 지인에게 자초지종을 말했더니 이런 답이 돌아왔다. 그는 내게 오반칙 퇴장*을 주의하라고 덧붙였다.
육아가 어려운 이유는 공동의 양육자가 있는 상황에서 아이를 함께 키우기 때문이다. 프로덕트는 하나인데 프로덕트 오너 또는 프로덕트 매니저가

* 농구에서 5번 반칙하면 퇴장으로 해당 경기에 더 이상 나올 수 없다. 테크니컬 파울Technical Foul과 언스포츠맨라이크 파울Unsportmanlike Foul의 경우 2번만 받아도 바로 퇴장.

여러 명인 셈이랄까. 부부 생활의 두 번째 챕터로서 긴밀한 소통이 매우 중요하다.

4. 아빠 일어나, 눕지 마

긴밀한 소통은 아내와 나의 관계뿐 아니라, 아이와 나의 관계에서도 중요했다.

멋모르고 송이와 부산에서 단둘이 한 달을 지낸 경험이 중요한 분기점이 됐다. 육아 휴직 7개월 차, 송이가 1차 반항기에 접어든 18개월 때였다. 타지에서 〈(독박 육아가 아닌) 독점 육아〉를 자처한 가운데, 바깥 음식에 탈이 난 송이를 돌보며 원룸 오피스텔에서 세끼를 꼬박 해 먹이는 동안 내 양육 스킬은 나날이 늘 수밖에 없었다.

우리는 광안리 바닷가 바로 앞에 있는 곳에서 지냈다. 나는 물가 가까이 노는 아이를 붙잡는 꿈을 꾸다가 깨곤 했다. 전반적으로 평화로웠지만 현지에서 아이를 돌봐야 하는 사람이 나뿐이라는 사실이 은은한 긴장과 스트레스였다.

유일한 해방은 송이가 낮잠 자는 한두 시간, 또는 옆 도시 경주나 거제로 놀러 가는 차 안에서 잠시 잠들 때였다. 주말마다 송이와 나를 보러 아내가 서울에서 내려오는 때면 반가움에 눈물이 절로 났다. 자존심? 나만 육아한다는 억울함? 인정 욕구? 모두 사치였다. 그저 아내의 존재 자체만으로도 감사한 순간이었다.

송이가 어린이집에 다니기 시작하고 육아 휴직 후반에 접어들수록, 아내에 대한 이해의 폭은 넓어졌다. 우리는 더 이상 크게 다툴 일도 없었다. 아빠가 정신을 차리든 말든, 본인을 사랑하든 말든, 송이는 눈부시게 성장을 거듭했다. 그런 송이를 관찰하며 자연히 내 관심은 부모와 자식, 그중에서도 〈아빠와 딸〉의 관계에 집중하게 됐다. 휴직 기간 동안 본 영화가 손으로 꼽을 정도지만, 그중 샬롯 웰스의 장편 데뷔작 「애프터썬」은 내 마음을 강하게 움직였다.

「애프터썬」은 평범한 10대 소녀 소피가 그동안 자신에게 소홀했던 아버지와 단둘이 떠난 튀르키예 여행을 다룬다. 30대 소피의 시점과 당시 파편적으로 기록한 캠코더를 통해 재구성하는 형식이 독특한데, 그 시차 때문에 후반부는 무엇이 사실이고 진실인지 모호하다. 영화는 유년기에 보지 못한 걸, 시간이 흐른 뒤 알게 된 소피의 감정을 세심히 묘사한다. 시간은 밤과 낮, 계절 변화를 일찍이 체감한 인간이 만든 중립적 개념이다. 하지만 영화를 보는 동안 시간이 얼마나 감상적이며 슬픈 감정을 자아낼 수 있는지 깨달았.

시간의 차이는 많은 걸 바꾼다. 송이의 시간이 더 흐르면, 영화 속 부녀처럼 나도 더 이상 사춘기 딸의 머릿속을 예측하기 힘들 테고 그보다 더 긴 시간이 지나면 우리는 영영 이별하겠지.

「아빠 일어나, 눕지 마.」 돌봄에 지친 내가 먼저 침대에 누울 때 송이는 이렇게 말했다. 그런데 내가 더 이상 일어날 수 없는, 모든 기억과 미련을 두고 세상을 떠나야 하는 순간이 오면, 그때 내 앞에 있을 송이는 어쩌지. 37년 일찍 태어난 나와 37년 늦게 태어난 송이 사이의 숙명이다. 가끔 먼 훗날을 상상하는데 복잡한 심정이 된다.

5. 인생의 오전과 오후

내가 육아 휴직을 쓰는 동안, 아내는 다니던 회사를 그만두고 새로운 도전을 시작했다. 2022년 4월 사업자를 냈고, 5월 본인의 브랜드를 론칭했다. 아내의 학습력과 실행 속도는 놀라운 수준이었다. 아이가 온전히 크기 위해 24시간 양육자의 돌봄이 필요하듯, 사업체도 성장하려면 자원을 수시로 투입해야 한다. 복직 후 나의 경제 활동은 가계 대출을 갚는 데 주로 쓰였고, 아내의 퇴직금은 사업 초기 운전 자금*이 됐다. 돈이 금세 부족해진 우리는 새로운 대출을 받았.

어쩌다 맞벌이 부모가 동시에 바쁜데 아이가 아프기라도 하면 상황을 탓했다. 간혹 송이의 조부모님들께서 우리 대신 송이를 돌봐 주셔서 너무 감사했지만 미안하고 찜찜한 마음은 가시지 않았다.

  * 회사나 공장에서 임금을 지불하거나 원료를 구입하는 경우 등에 필요한 자금

정작 아이를 낳은 부모는 계속 일해야 하고, 조부모님까지 출동해야 하는 상황이 괜찮은 걸까. 때론 이런 고민도 사치인가 싶어 〈일단 감사히 생각하고 내 할 일부터 하자〉는 식으로 전환했지만 좀 더 고민해 볼 문제다.

2020년부터 인스타그램에 올린 글과 이미지를 찬찬히 읽어 봤다. (…) 중요한 건, 그동안 내가 일하면서 이룬 대부분의 성취에는 아내의 헌신과 지지가 있었다는 사실이다. 숨 쉬듯 반복되는 마감을 맞추고자 내가 글을 쓸 수 있도록 배려해 준다든지, 책이 나온 뒤 포장을 함께 해주는 등 아내는 곳곳에서 나를 도왔다. 정작 내가 육아 휴직을 하면서는 스스로 벌인 사이드 프로젝트 때문에, 역할 교대를 제대로 못했다. 자신의 사업을 본격적으로 시작한 아내만으로도 바쁜데, 그 와중에 나도 뭔가를 하겠다고 발버둥 치느라 부부 사이에 마찰이 종종 생겼다.
— 2022년 12월 23일 일기 중

아내는 사업 중, 아이는 겨우 세 살. 그럼에도 〈내 커리어가 그리 중요한가〉란 마음과 〈한창 일할 땐데 그래도 더 벌어야지〉란 마음은 의외로 자주 충돌한다. 이런 미래를 일찍이 예감했던 걸까. 삼촌의 또 다른 명언이 떠올랐다.

그는 2020년 5월, (그러니까 아이가 생기기도 전에) 커리어 조언을 구하던 나에게 더 중요한 사실이 있다고 답했다.
「전략적으로 생각하고 부부로서 함께 결정하렴. 아내가 더 성장하면, 넌 아내의 팀원이 되어야 해. (…) 남자들은 대체로 자신의 경력이나 결정이 더 중요하다고 여기는 경향이 있어. 현실은 네가 어떤 이유로 인해 결혼을 했고, 너희가 한 팀이라는 거지. 네가 돈을 더 많이 번다는 사실은 장기적으로는 별로 상관없는 일이야. 너희 부부와 자녀는 언젠가 팀으로 움직일 거거든.」
두고두고 새길 우문현답이다. 삼촌은 부부로서의 팀워크에 더 신경 쓰라는 조언을 덧붙였다.

〈열흘 뒤에 죽는다면, 나는 무얼 할까?〉

2년 전 생일 때, 우연한 계기로 위 질문의 답을 곰곰이 생각한 적이 있다. 삶의 유한함을 인식했더니 나에겐 사랑이 남았다. 지금의 가족과 친구들에게 좀 더 적극적으로 사랑을 나누고 표현하자는 다짐이 절로 들었다.
여전히 죽음이 와닿지는 않지만, 끝을 향해 차근차근 가고 있다는 사실에는 의심이 없다. 마흔 즈음의 내가 감히 정의하는 인생은 〈자아〉라는 껍질을 깨고 민 길을 떠났다가 다시 그 껍질로 귀환하는 여정이다.

    인생의 오전에는 나를 지나칠 정도로 사랑해야 한다. 제아무리 나를 낳거나 길러 준 부모라 해도, 나를 조건 없이 사랑하기란 쉽지 않기 때문이다. 자신부터 나를 믿어야, 내재된 어느 하나라도 발현될 수 있다.

    인생의 오후에는 정반대의 태도가 필요하다. 〈내가 뭐라고〉라고 생각하며 에고를 다그치는 게 오히려 낫다고 본다. 먼저 내어 주고 양보하자. 이때의 자의식 과잉은 쓸모가 없다. 나보다 더 어리거나 경험이 적은 상대일수록 경청하고 수용할 필요가 있다. 머지않아 그들이 새로운 시대를 이끌 것이다.

    인생을 마무리할 무렵에는 있는 그대로의 나를 인정하고 스스로와 화해하는 시간이 필요하다. 마지막으로는 내면의 자아와 건강하게 헤어지는 수순도 필요할 것이다. 그래야 자유로워질 수 있다.

    — 개인 메모 중

예전에 써 놓은 메모를 보니, 인생의 오전을 보내고 있을 송이에게 조건 없는 사랑을 더 베풀어야겠다는 생각이 든다. 조건 없는 사랑을 전폭적으로 받아 본 경험이 있어야 송이도 자신을 온전히 사랑할 수 있지 않을까. 받아 본 경험이 있어야 베풀 수 있다.

6. 긴 여행을 끝내리, 미련 없이

새벽에 깨어난 송이가, 또는 아침에 일어난 송이가 자기 방문을 열고 나설 때의 모습을 기억한다. 부스스한 머리로 인상을 반쯤 찌푸린 채 가느다란 눈을 뜨고는 거실로 나온다. 주섬주섬 한 손에는 곰 인형을, 다른 손에는 사슴 모양의 애착 인형을 안고. 나는 그런 송이를 안아 준다. 송이도 나를 안아 준다.

송이가 매일 깨어나 마주하는 아침이, 그리고 인생의 오후를 향해 아내와 함께 걷는 일상이 당분간 나의 세계다. 그 세계에도 일터와 삶터라는 코트가 있다. 비록 플레이하다가 실수하더라도, 코트를 함부로 떠나진 않겠다고 다짐해 본다. 아내와 송이와 이미 한 팀이 되었으니, 필요하다면 벤치를 지키거나 볼보이 역할을 해도 충분할 것이다.

「자연은 기다려 주지 않아.」 지난 주말, 남양주시에 있는 친구네 친정 집에 놀러 갔을 때, 친구 어머님께서 해주신 말씀이다. 자세한 맥락은 기억나지 않지만, 모든 게 정신없이 흐르는 서울살이와 달리 절기 하나하나를 풍성히 느낄 수 있는 남양주 시골살이에서 느낀 바를 언급하셨던 것 같다.

나이가 든다는 신호일까. 육아를 하면서 〈시간〉

개념에 더 집착하게 된다. 2022년 연말의 내게는 총 3개의 시간이 있다. 아내의 시간, 나의 시간, 송이의 시간. 우리는 같은 시계를 들고 사는 것처럼 행동하지만, 실은 그 중력이 다르다. 아마도 중력이 가장 큰 송이의 시간이 가장 느리게, 대신 밀도 높게 흐르고 있지 않을까.
— 2022년 12월 23일 일기 중

「음식물 처리가 끝났습니다. 통이 뜨거우니 조심하세요.」
현실로 돌아올 시간이다. 오늘 밤은 아내가 야근이라 내가 육아 담당이다. 아내가 만들어 놓은 카레를 데워 먹고 있는데 맛있다. 그리 맵지 않은지 아이도 곧잘 먹는다. 잔반은 생기지 않을 것 같다. 이보다 더 맛있을 순 없으니 말이다.
아이와 밤 산책을 마치고, 목욕을 시키고 재운다. 적당한 온기를 품은 발바닥을 어루만지며 아이가 잠든 걸 확인한다. 또 한 번의 설거지를 마치고 글을 쓰기 위해 노트북을 연다. 모처럼 조용한 밤, 음식물 쓰레기 처리기 버튼 대신 신해철 노래를 한 곡 재생한다.

　신해철 〈민물장어의 꿈〉

　좁고 좁은 저 문으로 들어가는 길은

나를 깎고 잘라서 스스로 작아지는 것뿐
이젠 버릴 것조차 거의 남은 게 없는데
문득 거울을 보니 자존심 하나가 남았네

두고 온 고향 보고픈 얼굴
따뜻한 저녁과 웃음소리
고갤 흔들어 지워 버리며 소리를 듣네
나를 부르는 쉬지 말고 가라 하는

저 강들이 모여드는 곳 성난 파도 아래 깊이
한 번만이라도 이를 수 있다면 나 언젠가
심장이 터질 때까지 흐느껴 울고 웃다가
긴 여행을 끝내리 미련 없이 (후략)

정서적 〈비움〉을
찾고 싶은 사람들에게

임수민 에세이

버리는 건 쉽다.
문제는 다시 채우지 않기
위해 무엇이 필요 없는지
알아차리는 일이다.

임수민
스트리트 포토그래퍼로 활동하며 태평양을 건너는 요트를 타고 6개월간 항해를 하며 『무심한 바다가 좋아서』를 출간하는 등 다양한 작업을 하고 있으며 세일러인 남편과 함께 연고도 없는 통영으로 내려오는 대범한 선택을 했는데, 낭만 가득한 신혼집을 직접 만드는 과정을 SNS로 공유하며 많은 응원과 사랑을 받고 있다. 인생을 끝없는 도전으로 채우며 살아가는 맥시멀리스트.

채워도 채워도 채워지지 않는 허기

「하여튼 너라는 애는 여행을 가서 냉장고라도 사 올 애야.」

지금 막 여행을 다녀온 내게 우리 엄마가 한 말이었다. 그도 그럴 것이 내 행색은 방금 막 유럽을 다녀온 여행객보단 이주민에 가까웠다. 그리스, 튀르키예, 아프리카 그리고 덴마크를 다녀온 내게, 한 손으로는 끌리지도 않는 내 몸만 한 트렁크는 기본이었고, 허리를 할아버지처럼 구부러지게 하는 등 뒤의 배낭은 세계 일주를 떠나는 사람의 것같은 밀도로 잡동사니가 가득했다. 그뿐이 아니었다. 내 발 밑에는 택시 아저씨가 욕을 한바가지 하며 내려준 (냉장고만큼은 아니지만) 거대한 필름 확대기가 놓여 있었다. 확실히 일반적인 여행객이라면 그 어떤 독특한 나라를 다녀왔다고 해도 쉽게 가지고 올 수 있는 기념품은 아니었다.

우리 엄마의 상상

냉장고라도 가져왔을 것 같다는 엄마의 말에 살짝 억울함을 느꼈지만, 〈만약에 그 냉장고가 이 세상에 단 하나밖에 없고, 물건을 차갑게 해주는 것뿐 아닌 그 이상의 가치가 있는 냉장고였다면, 혹시 모르지, 가져왔을지도〉라는 생각을 하는 스스로를 보니 엄마 말이 틀릴 것도 없는 것 같았다.

나는 물욕이 강한 사람은 아니지만, 나만 알아보는 희귀한 가치에 대해서는 소유욕이 굉장했다. 다른 사람들은 그걸 왜 사고 싶어 하는지 도통 이해하지 못할 물건들에 대해서, 그럴수록 더 물불 안 가리고 그것을 소유하고 말아야겠다는 욕망이 나의 이성을 사로잡았다.

덴마크 시골의 어느 플리 마켓에서 이 거대한 필름 확대기를 봤을 때도 그랬다. 그걸 판매하려고 내놓은 사람은 그것이 무슨 물건인지도 제대로 알지 못했지만 나는 그것을 보자마자 그 귀함을 바로 알아봤다. 이 물건이 얼마나 귀하냐면, 나 또한 내 눈앞에서 이것을 봤을 때까지만 해도 이렇게도 완벽한 물건이 세상에 존재한다고 상상조차 하지 못했다. 그도 그럴 것이 이 확대기는 카메라 중 명기라고 불리는 〈라이카〉의 렌즈를 삽입한 라이카 확대기였다. 여태까지 내가 떠돌이처럼 이 암실 저 암실에 돌아다니며 필름을 현상할 때 종종 써 봤던 덜컹거리고 어딘가 모르게 허술한 그런 확대기들과는 차원이 달랐다.

고급스러운 밑판, 견고한 기둥, 간단하지만 효율적인 다이얼, 그리고 무엇보다 내가 손에 들고 있는 라이카 M3카메라와 똑같은 〈라이카〉 로고… 보자마자 이성을 잃었다. 이 물건은 앞으로 내 인생에서 두 번 다시 나타날 수 없는 귀한 매물이었다. 지금까지 나는 이런 확대기를 본 적도 없을 뿐더러, 심지어 이걸 팔려고 내놓은 사람은 이 가치를 모르기에 두 번 다시는 오지 않을 기회로 아주 싸게 값을 깎을 수 있을 것이었다.
아 이 확대기를 작업실에 두면 얼마나 멋질까. 어두운 암실 속에서도 아마 내 눈에는 이 확대기가 빛이 날 것이다. 내가 용기 내서 길에서 찍어 온 장면들을 이 확대기로 인화를 하게 되면 얼마나 황홀할까! 나의 머릿속은 이미 이 라이카 확대기와 함께 세상에서 제일 유명한 포토그래퍼가 되어 잡지 인터뷰를 하고 전시를 여는 상상을 재생하느라 바빴다. 이곳이 덴마크이고, 내 집은 무려 8,100킬로미터나 떨어진 대한민국이라는 사실, 이미 짐이 많아서 하루아침 사이에 팔이 하나 더 자라지 않는 이상 깃털 하나도 더 들고 갈 여력이 안 된다는 사실은 0.1초 만에 망각했던 것이다. 어떻게든 이고 지고 갈 생각이었기 때문이다.
이 확대기를 들고 오기 위해 나를 재워 주고 먹여 준 친구에게 코펜하겐 공항까지 확대기 옮기는 것을 부탁했다. 부탁을 했다기 보다, 참 어리석게도 당연히 〈그 정도는 도와 주겠지〉라고 기대했다. 아니, 그것보다 당연히 도와 줄 것이라고 〈생각해 버렸다〉. 이렇게 특별함에 대한 소유욕은 이성 외에도 나에게서 염치라는 것에 대한 감각마저도 마비시켰던 것이다….

20대 때 나의 이성을 장악했던 이런 〈특별함에 대한 소유욕〉은 다행히도 차차 사그라들었다. 그도 그럴 것이 나의 소유욕의 대상은 특별한 물건뿐 아닌 특별한 사람이기도 했는데, 특별한 물건을 소유하기 위해 수많은 특별한 사람들에게 무리한 부탁을 하다 보니 깨달은 것이다. 그 어떤 특별한 물건도 사람보다 빛나지는 않는다는 것을.

그래도 라이카 확대기는 우여곡절 끝에 한국에 잘 가지고 왔다. 그리고 한동안은 확대기를 내 25만 원짜리 월세방에 작은 암실을 만들어 모셔 두고는 매일 밤 밖이 어두워지기를 기다렸다가 저녁이 되면 빨간 암실 등을 켜고 신나게 인화를 했다. 명품 브랜드의 확대기답게 나처럼 기술이 없는 사람이어도 조작이 쉬웠고, 인화된 사진은 입자가 곱고 고르게, 아주 선명하게 나왔다.

그러나 하루가 지날수록 점점 밤이 되기를 기다렸던 마음이 사그라들었다. 희석되는 내 마음을 눈치했으면서도 사실이 아니기를 바랐다. 이러면 안 되는데, 이렇게 어렵게 가지고 왔는데 벌써 재미없어지면 안 되는데… 콜럼버스가 새로운 대륙에서 발견한 보물들을 실어 날랐을 때의 마음으로 귀중한 라이카 확대기를 옮겼던 나는 몇 주 지나지 않아 너무나도 슬픈 사실을 깨달았다. 나는 사진을 인화하는 것을 별로 좋아하지 않는다는 사실 말이다.

길거리를 쏘다니며 모르는 사람을 만나 그 사람의 인생 이야기를 듣고 그것을 담는 일은 나의 숙명처럼 매일 사그라들 줄 모르는 열정이 나의 몸과 정신에 기름을 부어 길을 나서게 내 발걸음을 재촉했지만, 밤마다 라이카 확대기를 켜고 외로이 어두운 방에서 쫄쫄 떨어지는 수돗물 소리를 들으며 인화를 하는 것은 어딘가 모르게 서글프고 애간장이 탔다. 내가 왜 이러고 있지 하는 스스로 되뇌이는 질문이 어둠보다도 더 무겁게 나를 가라앉게 만들었다.

나의 세상에 혜성처럼 나타난 보물같은 라이카 확대기는 한순간에 처치곤란한 무겁고 자리를 차지하는 고물덩어리처럼 내 마음과 작은 월세방에 짐이 되었다. 사람 마음이 어떻게 이렇게 쉽게 변한단 말인가. 스스로의 변심에 배신감을 느끼면서, 그렇게 고생을 해놓고도 더이상 같은 초롱초롱한 눈으로 확대기를 보지 못하는 내 자신이 미웠다.

그 후로도 이런 상황은 몇 차례 반복되었다. 어떤 물건 혹은 어떤 사람과의 인연을 쟁취하기 위해 물불 안 가리고 달려갔지만 결국 그 물건도 그 사람도 나의 일부를 채워 줄 수 없다는 허무함을 반복하다 보니 어느 순간에는 더이상 아무것도 원하지 않게 되었다. 내 소유욕의 실체를 들여다보니 그 감정은 내가 만들어 낸 이상과 희망을 대상에 입히고 있었다. 나는 실제와 다른 나만의 상상을 쫓다가 그것을 잡았다고 생각했을 때 마치 신기루처럼 아무것도 잡히지 않는 결과에 실망하고 상처받았다. 얼마나 어리석은가. 그때부터였던 것 같다. 내가 모든 것을 비우겠다고 결심했던 것은.

비우는 것은 버리는 것이 아니다

살다 보면 누구나 한 번쯤은 〈모든 것을 버리고 떠나고 싶다〉는 다급한 충동을 느낀다. 나처럼 물건도 사람도 좋아하고 수집을 열심히 하는 사람은 그런 도피적인 생각이 계절처럼 마음에 찾아온다. 어떻게 해도 마음 속의 공허함이 채워지지 않을 때마다 말이다. 하지만 우리는 쉽게 그 생각을 행동으로 옮기지 못한다. 지금까지 들인 시간과 노력을 무시할 수 없고, 다시 처음부터 아무것도 안 가진 채로 시작하기가 두렵기 때문이다. 하지만 나는 이번에는 생각에 그치지 않고 행동으로 옮길 셈이었다. 관계들도 얽히고 얽혀 버렸고, 비좁은 25만 원 월세방은 나의 허기를 채우지 못하고 빛을 잃은 물건들이 차고 넘쳐 발 디딜 곳이 없었다. 이 방의 주인은 더이상 내가 아니었다. 물건도 관계도 놓아 버리고 싶었다. 다시 새로 시작할 수 있도록 떠나 버리고 싶었다. 그래 처음으로 미니멀리스트라는 것이 되어 보자. 언제든 훌훌 날아 가서 자유로울 수 있도록 삶을 가볍게 비워 내자. 그런 생각을 품고 있던 어느 날 우연히 태평양을 항해하는 요트에 승선할 사람을 구한다는 공고문을 보고 태어나서 처음으로 항해라는 것을 떠나 보기로 결심했다. 그렇게 나는 모두가 한 번쯤은 꿈꾸는 〈머리 깎고 절이나 들어갈까〉 하는 생각을 실천하기로 한 것이다!

나는 결정을 하면 그것을 행동으로 옮기는 데까지 시간을 많이 허비하지 않는 편이다. 바로 방을 내놓았고, 이사 들어올 사람에게 내 물건들을 헐값에 팔아 넘겼다. 어렵게 모은 보물들이지만, 비워 낼 때는 뒤돌아보지 않고 보낸다. 가격을 흥정하는 데 소요되는 시간이 더 큰 비용이라고 생각하기 때문이다. 비로소 나는 모든 것을 비워 냈다. 아무런 미련 없이 물건과 사람을 비우고 빈털털이임에 동시에 외톨이가 되어 두 손 가볍게 떠났다.

망망대해를 상상하면 여러분은 어떤 감정이 떠오르는가? 태평양 한가운데에 표류한다는 것은

어떤 감정일 것 같은가? 외로울까? 무서울까? 뻥 뚫리는 자유를 만끽할까?

이 질문에 대한 정답은 마치 거울처럼 그 질문을 마주하는 사람의 현 상태를 정직하게 있는 그대로 비춘다. 내가 당시 느꼈던 감정은 갑갑함이었다. 온전한 자유와 홀가분한 비움의 상태를 찾고자 태평양 위를 표류하기로 자처한 것이었으나 내가 망각했던 것이 하나 있었기 때문이다. 바로 항해를 하는 동안에는 배에 갇혀 있다는 사실과 그 배는 나 혼자 승선하지 않는다는 당연한 사실이다. 그 비좁은 배에 지금까지 전혀 다른 방식으로 삶을 항해해 온 사람들이 모여 태평양을 건넌다는 것은 정말이지 배가 산으로 가다 못해 우주로 곤두박질쳐 날아갈 것만 같은 일이었다. 비위 내기는커녕 평생 살면서 안 만나도 될 사람들로부터 그 좁은 배에 갇힌 채로 이런 저런 말들을 들으며 나는 전보다 더 큰 씻을 수 없는 상처와 외로움을 품고 왔다. 가도 가도 똑같은 수평선과 어디 시선 하나 걸칠 곳 없는 밋밋한 태평양을 바라볼 때면 나는 도망칠 수 없는 답답함을 느꼈다.

돌아오니 내게는 남은 것이 아무것도 없었다. 물건도, 사람도, 그렇다고 추억하고 싶을 만한 모험도 남지 않았다. 더 이상 깊어질 수 없는 외로움일 거라 생각했더니 더 깊은 굴로 들어가 버린 그때의 나를 보면 〈비움〉이라는 것은 버리는 것이 되어서는 안 된다는 사실을 이제는 안다. 그것은 진정한 비움이 아니었다.
내 인생의 항로가 한 치 앞도 안 보이는 안개로 덮여 버린 것 같았다. 아무리 채워도 아무리 비워도 마음이 헛헛하다면 이제 도대체 나는 무엇을 해야 하는 걸까? 어디로 향해야 하는 걸까. 나는 분명 채우는 것도 비우는 것도 항상 최선을 다했는데 왜 정답을 찾지 못하는가. 왜 마음 속의 안정을 찾을 수가 없는가. 내 인생의 방향은 어디일까? 내가 가야 할 길을 안내해 줄 등대는 무엇을 지표로 삼아야 하는 걸까.
겉으로는 새처럼 자유로운 선택 같아 보이고 멋있는 것 같을지라도, 모든 것을 놓아 버리고 떠나는 도피는 해결책이 될 수 없다. 주변에서 누군가가 〈아 다 때려치우고 유럽으로 한 달 살기나 하러 떠날까 봐〉라는 말을 하면 나는 갑자기 진지해지며 그 사람의 닻이 되어 떠날 수 없도록 한다. 해결책은 새로운 그곳에 있지 않다. 사실 지금의 문제는 내가 속해 있는 장소나 내가 만나고 있는 사람의 탓이 아니라, 바로 내 자신이기 때문이다. 그런데 한 달 살기를 하러 떠난다니. 태평양을 항해를 한다니⋯ 문제 덩어리를 들고 떠나는 것은 여행을 갈 때 냉장고를 들고 가는 것만큼이나 어리석은 짓이다. 그렇다면 나의 해결책은 무엇인가, 하고 궁금해 할 것이다. 내가 유럽 한 달 살기를 가지 말라고 말렸던 지인들이 내게 묻듯이 말이다. 내가 태평양을 다녀온 뒤 했던 것이 모두에게 해결책이라고 생각되지는 않지만, 나는 내가 평생 외면해 오던 것을 직면하기로 결심했었다. 그것은 바로 〈직장인 되기〉였다.

그동안 나는 일반적으로 어른들이 스스로의 삶에 채우고자 하는 것들, 예를 들면, 좋은 직장, 높은 연봉, 멋진 집이 아닌 내가 생각하는 내가 원하는 것들로 나의 마음을 채우려고 했었다. 길거리를 쏘다니며 흑백 필름으로 사진을 찍고, 이태원 보광동에 살면서 이 사람 저 사람 만나 다음 날이면 기억도 안 나는 수많은 주제들에 대해서 밤새 토론하고, 태평양을 떠나 지도에도 존재하지 않는 섬에 가고 말이다. 그런데 그 어떤 사람을 만나도 그 어떤 장소를 가도 그 어떤 귀한 보물을 손 안에 넣어도 채워지지 않는 내 마음, 돌연 모든 것을 두고 떠나도 비워지지 않는 내 마음을 위해 내가 할 수 있는 마지막 그것은 내가 평생 죽어도 하기 싫다고 생각 했던 9-to-6 직업 갖기였다. 안 해본 것은 이것뿐이었기 때문에 말이다.

그래서 마치 들판과 해변을 뛰놀던 야생마 같던 내가 매일매일 같은 시간에 하루종일 같은 곳에 앉아서 머리를 써야 하는 일을 하기로 한 것이다. 어떤 옷을 입고 가야 하는지도, 목소리는 얼마나 크게 내며 대화를 해야 하는지도, 다나까로 대답을 해야 하는지도 전혀 감이 오지 않을 정도로 나는 직장인이 되는 것에 준비가 되어 있지 않았다. 하지만 지금까지 내가 해온 것들을 봤을 때 나는 기획력에 강하고, 사람을 설득하는 것에 능했으며 영어가 모국어인 한국어보다 편하니 글로벌 브랜딩이라는 업무를 맡게 되었고, 생각보다 나는 일 자체에 큰 흥미를 느끼게 되었다. 그렇게 회피하던 것임에도 불구하고 직장인으로써의 일상을 나는 생각보다 오래 지켰다. 1년 반 정도 첫 회사를 다니고, 사람에 질려 두 번째 회사로 이직했다가 또 사람에 질려 몇 개월 만에 나와 버렸다. 세 번째 직장은 들어가자마자 아니다 싶어 며칠 만에 바로 나왔다. 처음부터 조짐이 이상하면 그것은 갈수록 증폭될 뿐, 나아질 리가 없으니까 나는 참고 버티는 것은 하지 않을 셈이었다. 세 번의 이직을 통해 나는 일을 매우 좋아하지만 만나고 싶지 않은 사람을 매일 봐야 하는 곤욕을 치를 수 없는 성격이라는 것을 깨달았다. 매우 큰 발견이었으며, 앞으로 내 인생의 확실한 방향성을 제시하게 될 가치였다. 그렇게 나는 프리랜서가 되기로 한 것이다. 일하는 표류자, 그것은 완벽한 채움과 비움의 균형을 이루는 것이었다. 나만의 방식으로 누구의 간섭도 없이 일할 수 있고, 간혹 새로운 돈벌이가 없으면 어떡하지 하는 두려움은 나에겐 오히려 좋은 자극으로 새로운 일을 벌릴 수 있는 촉진제 역할을 할 정도였다. 이것은 채움과 비움이 적절하게 공존하는 나만의 완벽한 균형이었다.

진정한 비움은 버리는 것이 아니다. 그것은 있는 그대로도 만족하고 행복할 수 있도록 올바른 방식으로 채워 가는 것이다. 너무 많은 사람을 만나고, 너무 많은 물건에 파묻혀 살고 있는 것이 문제가 아니라 내게 맞지 않은 사람들과 내게 필요하지 않은 것들을 짊어지고 있는 것이 문제였던 것이다. 그 모든 것을 버려 버린다고 비워지는 것이 아니라, 내게 맞는, 내가 필요한 존재들을 더 열심히 찾고 채웠어야 하는 것이었는데, 나는 조급한 마음에 잘못 된 나의 선택들의 무게에서 벗어나기 위해 그동안 도망을 선택했던 것이다.

만약 여러분 혹은 누군가가 모든 것을 버리고 확 떠나 버리고 싶어 한다면 그 충동을 이겨 내고 내가 가장 외면하고 싶은 바로 그 지점을 향해 집요하게 돌진하기를 바란다. 해결책은 반드시 그곳에 있다.

채우고자 했을 때 비워지는 것

내가 스물여덟 살이 되었던 해, 어느 날 아침 눈을 떴는데 배가 아닌 마음에 이상한 허기를 느꼈다. 무언가를 품고 싶다는 공허함 말이다. 이게 모성애일까? 무언가를 보살피고, 어여뻐하고 책임지고 싶다는 강렬한 욕구가 하루아침 사이에 내 마음 속에 싹을 피웠다.

첫 직장을 다니고 있을 때였는데, 회사에 강아지를 데리고 출근할 수 있었다. 강아지들은 1층부터 옥상을 주인이 퇴근하기 전까지 유유자적하며 이 사람 저 사람에게 코를 킁킁대고 이쁨받고는 또 어딘가로 뽈뽈거리며 떠나 버렸다. 강아지에 관심이 전혀 없던 내가 매일 보는 강아지들이 생겨나면서 집에 가면 그 강아지는 지금 무엇을 하고 있을까 궁금해지고, 길에서 비슷한 강아지를 보면 반갑기 시작했다. 태어나서 처음 느끼는 그런 몽글몽글한 감정 때문이었을까? 아니면 우리 엄마가 나를 낳은 나이가 스물여덟이었는데, 나도 모르게 운명적으로 혹은 본능적으로 그 흐름을 탄 것일까. 하지만 아직 애기를 키우고 싶은 것은 아니었다. 그렇다면 이 모성애는 무엇을 품고자 하는 마음일까?

하루아침에 피어난 모성애를 두고 한참을 살펴봤다. 전공하던 국제학을 때려치우고 사진을 하고 싶다고 생각했을 때나 돌연 태평양으로 떠나 버리고 싶다고 결심했을 때랑은 다르게 신중하게 고민하게 되었지만 이렇게 생각해 봐도 저렇게 생각해 봐도 나의 마음의 나침반은 한 가지로 향했다. 나는 반려견을 맞이할 때가 된 것이다.

주변에서는 모두 의아해 했다. 어렸을 때 한 번도 강아지를 키우고 싶다고 칭얼댔던 적도 없었을 뿐더러 나는 자연이나 동물 혹은 식물에 큰 감동이

없는 사람이었기 때문이다. 심지어 바로 전
해까지만 해도 누군가가 내게 인사를 하며 〈잘
지내?〉가 아니라 〈지금은 어느 나라에 있어?〉라고
물을 정도로 한곳에 붙어 있는 적이 없던 나였는데,
강아지를 키우다니. 〈그게 얼마나 큰 책임인지
알아?〉라고 사람들은 마치 내가 그것을 망각하고
섣부르게 생각하는 걸까 걱정하며 물었다.

하지만 나는 밤마다 자기 전에 누워 어둠 속에서
천장을 바라보며 충분히 내 마음을 찬찬히
돌아봤다. 나는 더 이상 새로운 곳이 궁금하지
않았다. 이 나라에 가나 저 나라에 가나 내가 바뀌지
않는 이상 거기가 거기라는 것을 이제는 확실하게
알았다. 나는 한곳에 뿌리를 내리고 싶었으며
무언가를 책임지고 싶었다. 나는 충분히 그럴 만한
능력이 있다고 자신했다. 직장인이 되고 돈을
벌더니 아주 자신만만했던 것일지, 아니면 돈을
벌어야 하는 더 분명하고 아름다운 이유를 찾고
싶었던 것일지도 모른다.

그렇게 나는 유기견 센터의 공고문을 매일, 매시간,
매초 들여다보기 시작했다. 눈에 밟히는 강아지들이
많았고, 나에게는 선택지가 있다는 것 자체가 너무
미안했지만, 강아지를 키우는 모든 사람들이 딱
보자마자 〈얘다〉 하는 느낌이 들 때까지는 결정하지

임수민 에세이

말라고 조언을 했기에 또 내 마음의 나침반이 반응하기를 기다렸다. 그러다가 한 마리의 복슬강아지를 보게 되었고, 마음에 알 수 없는 확신이 들어 만나러 갔다. 첫 만남에 수리는 다른 강아지들처럼 다리에 매달리거나 낑낑거리지 않고, 내가 내민 손의 냄새를 아주 조심스럽게 맡더니 한 발짝 멀리 떨어진 대각선에 앉아 나를 차분하게 관찰했다. 우리의 운명이 앞으로 같은 길을 걷게 되리라는 것을 이때 확신했다. 〈얘다!〉 수리는 5개월쯤 중랑천에서 발견되었다고 한다. 머털 도사처럼 털이 길었는데 미용을 해주니 미모가 나타나서 구조자가 이름을 〈수리〉로 지었다고 했다. 어떤 촌스러운 이름일지라도 바꾸지 않고 그대로 키우겠다고 결심했는데 그 이름이 너무 마음에 들었다. 수리수리 마수리.

수리는 우리 집에 온 첫날 내가 수리를 위해 깔아 둔 현관의 새 타일 위에 배를 깔고 누워 잤다. 우리가 처음 함께 산책을 한 날 나는 울면서 집에 왔다. 나는 강아지 산책이 처음이었고, 수리는 사람과 산책이 아직 익숙하지 않을 때였는데, 무거운 볼링공에 줄을 매달고 내리막길을 뛰어가는 것처럼 수리에게 끌려다니다 겨우 집에 와서 너무 힘들어서 엉엉 울어 버렸다. 앞으로 너를 내가 어떻게 키워야 하니! 하면서 바닥에 엎드려서 우는 내 머리를 수리가 코로 툭툭 건들면서 위로했다.

그날부터 나는 강아지 관련된 서적은 전부 다 사들여 읽고, 훈련사도 집에 모셔 수리와 나의 합을 맞추어 나갔다. 나는 열렬한 모범생처럼 수리에 대해 공부하고, 그렇게 한 달, 두 달이 흘러 1년이 되었다. 기적처럼 1년이 되던 날 수리가 앉아 있던 내게 갑자기 엉덩이를 붙이고 나서는 벌러덩 누워 배를 까고 만져 달라고 애교를 부렸다. 나는 그때까지 수리가 고양이같이 시크한 강아지라 애교가 없다고 생각했는데, 그게 아니라 적응 기간이 필요했던 것이다…. 수리가 마음을 열었던 그날 대학교 입시, 직장 합격 등 그 어떤 때보다도 큰 성취감을 느꼈다.

수리와 함께한 지 5년이 되었다. 수리는 나로 하여금 내 인생에서 가장 중요한 것이 무엇인지, 내가 일상의 우선순위를 어디에 두어야 하는지 존재하는 것 자체만으로 나의 방향이자 나의 길이 되어 준다. 수리의 말 없이 반짝이는 눈을 바라보고 있으면 내 복잡한 머리와 마음은 텅텅 비워진다. 너 말고 무엇이 의미 있겠니. 모성애를 채우기 위해 데려 온 수리가 태평양도 비울 수 없었던 내 근심을 다 덜어 준다. 구름처럼 떠돌던 내 마음은 사랑의 닻으로 드디어 안정을 취하게 되었다.

얇고 가벼운 도자기 그릇을 식탁에 바로 두면 아슬아슬하게 흔들린다. 하지만 위에 무게감 있는 과일을 담아 균형을 맞추면 그 그릇은 더이상 흔들리지 않고 묵직하게 자리를 지킨다. 비움의 상태는 버리고 헤어지고 떠나는 것이 아니었다. 나라는 그릇을 가득 채우기 위해 외면하기보다는 직면하는 쪽을, 도피보단 책임을 선택하는 것. 그리고 그로 인해 내 안의 근심과 외로움은 사라지고 삶을 쟁취하며 온전해지는 것이 우리가 진짜 원하는 〈비움〉이 아닐까? 나에게 있어 비움의 상태는 공기나 여백처럼 공허한 형태가 아니었다. 가득 차서 더 이상의 불안도 욕심도 아쉬움도 없는 행복의 상태였다.

시간이 지나면 비워지더라

나는 종종 물건을 잃어버리는데, 워낙 소장품이 많다 보니 집안에서 조차 그 잃어버린 물건의 행방을 찾기란 쉽지 않다. 그래서 나는 물건을 잃어버리면 그것을 찾으려고 하지 않고 언젠가 발견되기까지 기다린다. 〈아 이게 이 가방 안에 있었네.〉 〈어머 이게 왜 이 상자 안에 들어가 있지?〉 나는 뜻밖에 다시 그 물건이 내 눈앞에 뜨기를 기다린다.

어느 날, 내 신용카드가 내 눈앞에서 사라진 지 2주가 되던 날이었다. 자주 쓰는 신용카드는 한 개 더 있었고, 이것은 혹시 몰라 들고 다니던 것이라 2주 내내 없어도 큰 불편함을 느끼지 못했지만, 이렇게도 내 앞에 안 보이는 것을 보면 이건 분실된 것이라고 보는 게 맞다고 판단이 된 것이다. 그래서 분실 신고를 하기 위해서 카드사에 전화를 했다.
「카드 도용 여부 확인을 위해, 고객님의 마지막 결제 건과 카드 분실 시점을 함께 확인해 드리고자 합니다.」
「네.」 분실 신고를 하고 나서 빨래를 돌리려고 했기에 빨래를 분리하면서 내가 대충 말했다. 마지막 결제 건은 아마도 수리의 정기 검진을 위해 갔던 동물병원일 것이었다.
「네, 마지막 결제는 ○○○ 마사지 숍에서 5만 원 결제하신 것으로 나오는데, 고객님이 사용하신 것이 맞을까요?」
「네? 마사지 숍이요?」 갑자기 정신이 들며 상담사의 목소리가 더 크게 들리기 시작했다.
「네, 맞습니다, 고객님, ○○○ 마사지 숍에서 오후 8시경 사용하신 것으로 나오고요, 그 직전에 결제하신 것은 택시비로 보입니다.」
「…제가 아닌 것 같아요.」 나는 택시를 타는 호사를 아무렇지 않게 누리는 사람이 아니었기에 온몸에 소름이 돋았다.
「그러십니까… 혹시 모르니 그 직전 결제 건도 확인해 봐도 괜찮을까요?」
「네네.」
「○○○ 모텔에서 15만 원 결제한 것으로 보이는데, 이것도 고객님이 아닐까요?」

악! 하고 소리를 지르고 싶었다. 더러운 도둑놈이 내 카드를 훔쳐서는 온갖 저급한 일들을 하면서 다닌 건이 30여 건이었다. 대부분의 결제가 모텔에서 하룻밤 자는 비용, 택시를 하루에도 3번씩 타는 비용, 태국 음식점에서 10만 원 넘게 결제한 비용 등 총 피해 금액이 200만 원이 넘었다. 화가 발 끝부터 머리 위까지 치밀었다. 내 인생에 이렇게 분노했던 적은 회사 팀장이 내가 고생해서 만든 기획을 뺏어 대표 앞에서 발표를 하고 본인 기획인 냥 칭찬받았을 때 말고는 없었다.

속이 상했다는 말은 우리가 흔히 쓰는 말이라 쉽게 듣고 넘길 수 있겠지만, 여러분, 나는 정말로 속이 상해 버렸다. 나는 평소에 돈을 허투루 쓰는 사람이 아니다. 사람들은 크게 생각하지 않고 쓰는 돈도 내게는 너무 아까웠다. 재미없었던 대화를 하면서 먹은 음식 값, 만나기 싫었던 사람을 만나면서 마셨던 음료 값, 사고 싶지 않았는데 강매를 당해 산 옷 값, 등등 큰 금액이 아닐지라도 나는 너무 아까웠다. 돈을 모아서 무언가를 하고 싶거나 절약 정신이 강하다기보다, 나는 그 돈을 아껴서 내가 더 하고 싶은 다른 것을 할 수 있다는 사실 때문이었다. 어려서부터 엄마아빠가 반대하는 것들이 궁금했던 나는 내 돈을 억척같이 모아서 그걸 하나씩 해보는 재미가 쏠쏠했다. 돈은 내 등에 날개를 달아 줄 강력한 힘이었으며, 그런 돈을 나는 쉽게 모으는 것보다 나의 재능과 노력을 통해 한 푼 한 푼 의미 있게 버는 것에 큰 재미를 느꼈다.

그렇게 어렵게 모으고, 고심 끝에 쓰는 나의 돈을 어떤 방탕한 놈이 허투루 쓰다니, 마음에 큰 골이 생겨 버렸다. 아니, 정확하게 말하면 237만 원짜리 구멍이 생겼다. 나도 함부로 안 쓰는 내 돈을 알지도 못하는 놈이 탕진하다니. 주변에서 아무리 나에게 〈괜찮아, 금방 벌 거야〉라고 말해 줘도, 그리고 카드사에서 도난이었음을 확인하고 전액을 보상해 주겠다고 했어도 내 마음에는 237만 원짜리 구멍이 남았다. 아무리 금액으로는 보상이 되었다 한들, 그것은 그놈의 주머니에서 나온 것이 아니었으며, 누군가는 나의 노력으로 룰루랄라 하며 2주 동안이나 호사를 누렸다는 사실이 끔찍하게도 견딜 수가 없었다!

평생 이 아픔은 잊지 않으리… 하며 끙끙 몇 날 며칠을 보냈다. 생각보다 그 억울함은 오래갔다. 1년이 지나도 도난 사실을 알게 되었던 그 통화 내용이나 사건을 맡자마자 이미 포기한 듯한 내 담당 형사를 조르고 졸라 겨우 그놈이 촬영된 CCTV 사진을 봤을 때의 순간을 떠올리면 마음 속 237만 원짜리 구멍이 지끈거렸다. 앞으로 내 마음 속의 이 구멍을 어찌하오리까… 채울 수 없는 구멍은 도대체 어떻게 해야 한다는 말인가!

하지만 절대 잊을 수 없을 것 같은 첫사랑도 기억이

가물가물해지는 것처럼, 만나면 가만 두지 않을
거라며 증오하던 원수 또한 잊혀지더라. 지금은
그놈의 몽타주조차 기억나지 않는다. 이제는
〈그래도 카드사 통해서 그 돈 다 보상 받은 게
어디야〉라는 생각이 아주 달콤하게 나를 달래서 그
일을 생각하면 짜증은 나도 내 마음에 237만 원짜리
구멍은 더 이상 존재하지 않는다. 시간이 지나고
나니 채워지지 않던 구멍은 저절로 비워지더라.

우리는 입버릇처럼 〈다 버리고 싶다〉 〈다 두고
떠나고 싶다〉고 말하곤 한다. 그렇게 비워 내면
우리는 삶의 복잡한 걱정들로부터 자유로울 수 있을
것처럼, 우리는 가장 힘들 때 그렇게 탄식을
내뱉는다. 하지만 내 경험상, 돌이켜보면 나는 진정
〈비움〉이 필요한 것이 아니었다. 비움이 필요하다고
생각했지만 사실 그 누구보다 마음이 외롭고
허전했다. 〈무언가〉로 채워야만 할 것 같았는데, 그
〈무언가〉를 자꾸 밖에서 찾는 것이 문제였다.
비움과 채움을 구분하려고 하지 않는다. 그저
무언가에 대한 갈증이 생긴다면, 그것을 해결하려고
시도하지 않고 그 갈증 자체를 파고든다. 내가 정말
목이 마른가? 왜 목이 마른가? 어떤 것으로 갈증을
해소하고 싶은가? 그렇게 파헤쳐 들어가다 보면
정답은 생각보다 간단하게, 즉시, 스스로만의
힘으로 해결이 가능했다.

여러분도 혹시 채움이 필요한 시기에 비워
내야겠다며 자꾸만 비우고 있지는 않은가?
그렇다면 여러분도 그 갈증을 깊게 들여다보기를
권한다.

버리는 마음
정두현 에세이

먹고 남은 마음들을
제때 치우지 못했다.
결국 냉장고 안 음식처럼
상해 버렸다.

정두현
브랜드 마케터, 산문집 『말 더더더듬는 사람』을 썼다.

오늘을 잘 살고 싶을 때 요리를 한다. 그런 마음이 드는 날은 흔치 않다. 쫓기는 일이 없는 휴일이어야 한다. 늘어져 쉬고 싶은 유혹을 뿌리치고 움직일 수 있을 만큼의 에너지도 있어야 한다. 그런 날엔 작은 것 하나하나가 쌓여 좋은 하루를 만들 수 있다는 생각에 어떤 것도 허투루 하지 않는다. 샤워도 꼼꼼히 하고 청소도 구석구석 마치고, 환기도 충분히 시킨 뒤 장을 보러 집 밖으로 나선다. 요리를 잘 알지 못하기 때문에 철저히 유튜브에 올라온 레시피를 따른다. 휴대폰 메모장에 리스트업한 재료를 하나하나 산다. 식재료를 보는 눈은 없지만 때깔이나 감촉에 기반해 나름 까다롭게 고른다. 장을 보는 시간과 행위 자체가 내 안의 무언가를 회복시키는 기분도 들어서, 관심 없던 코너도 괜히 기웃거리고 한다. 하려는 요리를 위한 재료뿐 아니라 요거트나 냉동 만두 같은, 사두면 언젠가 먹을 것 같은 것들도 몽땅 바구니에 담은 뒤 마트를 나선다.

음악을 크게 틀고 요리를 시작한다. 유튜브에서 안내하는 레시피에는 요리에 문외한인 나로썬 왜 하는지 알 수 없는 것들도 많다. 이를테면 고기를 재우거나 쌀을 불리는 일. 바빴다면 건너뛰었을 것들을 하나하나 부지런히 따라한다. 시간이 오래 걸릴수록, 품이 많이 들수록 만족감이 차오른다. 이렇게 움직이다 보면 배도 충분히 고파진다. 시간에 쫓겨 배달 음식만 먹었을 때는 이만큼 깔끔한 배고픔을 느껴 본 적 없는 것 같다. 충분히 욕구가 쌓여서 허기를 채웠다기보단 그냥 정해진 시간이 돼서 밥을 먹었던 것만 같다. 맛있는 냄새가 집에 퍼질 때쯤 식탁에 식탁보도 깔고 수저 받침대도 놓고 반찬 하나하나 그릇에 담고 마실 것도 떠 둔다. 세팅이 끝나면 설레는 마음으로 음식 앞에 앉는다. 찰나의 황홀한 기분이 든다. 황홀함을 계속 느낄 수 있도록 영원히 배가 부르지 않았으면 하는 상상까지 한다.

나는 음식이 앞에 있으면 잘 참지 못한다. 식사 속도도 빠른 편이어서 함께 밥 먹는 상대가 매번 놀란다. 그만큼 배부름도 순식간에 찾아온다. 오래된 허기가 채워지는 만족감이 몰려온다. 배고픔을 해결하기 위해 기계적으로 공수해 온 음식이 아니라

내가 오늘을 잘 살기 위해, 직접 하나하나 만든
요리이기 때문에 만족감은 배가 된다. 늘 요리를 할
수 있는 하루하루를 살게 된다면 그게 성공한
인생이겠다는 생각도 한다.
나의 문제는 적당한 순간에서 끊지를 못한다는
점이다. 만족감이 차오를 즈음 식사를 멈췄으면 딱
좋았을 텐데 이런 밥상 앞에서는 그러질 못한다. 꼭
두 걸음 정도 더 나간다. 밥을 적정량보다 반 그릇
정도 더 먹는 식이다. 이때 배부름만큼 빠르게
찾아오는 감정이 불쾌감이다. 허기 때문에 힘들었던
몸이 순식간에 배가 너무 불러서 힘들어진다.
이제는 식사를 멈추어야겠다는 결심을 한다. 그때
눈에 들어오는 건 남은 음식물이다. 요리를 그릇에
정성스레 담았을 때 느껴지던 정갈함은 사라져
있다. 제멋대로 흐트러진 음식과 식기 여기저기
남아있는 소스와 잔여물 들이 눈에 들어온다. 배가
부르면 움직이기 싫고 남은 음식물을 처리하고
식기를 설거지하는 일은 더 하기 싫다. 십 분 정도,
늑장을 부린 후에 심호흡을 하고 일어난다.
주방에 가서 남은 음식물을 개수대에 쏟는다. 물을
최대로 세게 틀어 하수구 망에 모든 음식물이 한데
모이게 만든다. 더럽게 엉켜 있는 모습이 싫어
빠르게 눈앞에서 치우고 싶어진다. 음식물 쓰레기
봉투를 열고 그 안에 하수구 망을 집어넣어
쏟아붓는다. 봉투 위쪽에 밥알이나 나물 조각 같은

음식물이 묻는다. 불쾌감이 올라오지만 겨우겨우 모두 집어넣고 봉투를 꽉 묶는다. 모인 음식물 쓰레기는 혐오스럽다. 요리를 할 때는 하나하나가 소중했지만 지금은 최대한 빨리 눈앞에서 치우고 싶은 존재들이다. 나는 음식물 쓰레기가 집 안에 남아 있는 걸 참지 못하는 사람이다. 바로바로 봉투를 들고 나가 비워 낸다. 설거지까지 마치고 언제 요리를 했었냐는 듯 말끔히 리셋된 주방을 만들기 위해 이리저리 움직인다. 주방에 남아 있는 음식 냄새까지 향을 피워 없앤다. 불과 30분 전까지 날 설레게 했던 냄새라는 게 믿기지 않는다. 모든 일을 마치고 나서야 다시 남은 하루를 지낼 기분이 든다.

나도 나이를 먹고 있다. 숫자 자체에는 연연하지 않는 편이다. 나름의 속도로 삶을 살고 있다는 실감 속에 있다. 사회가 얘기하는 나이마다의 모습과는 조금씩 다른 인생을 살고 있다는 게 내 자부심이고 앞으로도 지키고 싶은 면이다. 그런 내게도, 〈나이가 들고 있다〉는 기분이 확 다가와 묘해지는 순간이 있다. 일상이 전과 같지 않다는 실감을 받을 때다. 하루하루를 구성하는 시간이 전과는 다르다고 느껴지는 것이다. 변한다는 건 어떤 부분이 버려지고 있다는 뜻이기도 하다. 하루하루를 살아 내다 보면 무엇이 일상에서 사라지고 있는지도,

어떤 시간들은 점점 되돌릴 수 없는 상태가 되어 간다는 것도 알아채기 어렵다. 때문에 더더욱, 문득문득 그걸 알아차릴 때는 아차, 하며 감상에 빠지게 된다. 그 감상은 슬픔에 가깝다.

고등학생에서 대학생으로, 청소년에서 성인으로 넘어오는 시간 동안 나는 좀 우울한 아이였다(고 기억한다). 질풍노도의 시기인 만큼 여러 모습이 있었지만 대체로 내 마음은 우중충했다. 중학교에서 고등학교로 넘어올 때 쓸데없는 고집을 부려 집에서 멀리 떨어진 학교로 진학했다. 중학교 때 친하게 지내던 친구들과는 다른 학교에서 고등학생의 삶을 시작했다. 새로운 얼굴들만 있는 고등학교에서 나는 적응하지 못했다. 뭘 해도 어딘가 겉도는 기분이었다. 공 차는 걸 너무 좋아했기 때문에 들어갔던 축구팀 외에는 어디에도 소속감을 느끼지 못했다. 나의 어떤 면이 당시 친구들에게 잘 받아들여지지 않는 듯했다. 그게 뭔지 모르는 상태에서 끼고 싶은 욕구만 강했으니 혼란스러웠고 종종 다쳤다. 또래들에게 내가 잘 받아들여지지 못한 이유를 어렴풋이 짐작하게 된 건 고3 때였다. 당시 다니던 국어 학원 선생님은 유명했다. 일단 말투가 특이했다. 모든 말이 〈하오〉로 끝나는 〈하오체〉를 썼다. 「두현 학생은 그렇게 생각하오?」, 「그러니 14번 문제의 답은 3번이 되는 것이오.」 정말로 이렇게 말했다. 선생님은 수업 시간에 노래를 부르기도 했다. 어떤 문학 작품은 노래로 듣는 게 더 깊게 이해하는 방법이라고 했다. 국어 지문에 나오는 시를 읽다가 눈물을 흘리기도 했다. 군대 이야기를 들려줬던 날도 기억한다. 남자 선생님들은 다들 군대 이야기를 했다. 그 이야기들은 얼추 비슷했다. 군대에서 쌔빠지게 고생했다거나 놀랄 만한 부조리를 겪었다는 내용들이었다. 국어 학원 선생님은 정반대의 얘기를 들려줬다. 2년 반 동안 군대 안에서 자신은 최선을 다했다고. 페인트칠, 못질, 삽질 하나 부대 안에 본인의 손길이 닿지 않은 곳이 없다고 했다. 그래서 전역할 때 눈물을 흘렸다고 했다. 이런 모습들이 쌓여서인지 나는 선생님께 특별한 구석이 있다고 느꼈다. 선생님이 말하면 같은 얘기라도 더 진정성 있어 보였고 그의 말 어딘가에는 꼭 심오한 진리가 담겨 있는 듯했다.

사람 보는 눈도 탁월한 것 같았다. 어느 날 초등학교 동창이었던 여자애가 학원에 새로 왔다. 선생님은 여자애와 몇 마디 나눠 보더니 〈정말 훌륭한 학생이오〉라고 말했다. 내가 알기로 그 아이는 전교 1, 2등을 다투는 애였다. 별거 아닌 듯 보이는 대화를 통해 친구의 됨됨이를 알아본 게 너무 신기했다. 표현해 보자면 도를 깨우친 사람, 몇 차원 위에서 세상을 바라보는 사람이라는 느낌이었다.

하루는 학원에 볼일이 있어서 들린 엄마가 집에 와서 말했다.「선생님이 네게 여성스러운 면이 있다고 하더라.」전혀 예상하지 못한 얘기였다. 나는 덩치가 크고 우락부락하게 생긴 남자애였다. 여성스럽다니, 애들이 들을까 겁났다. 놀림 받을 게 뻔했으니까. 황당한 얘기로 웃어넘기면 될 말이었지만 비범하다고 여겼던 선생님으로부터 나와서인지 이후에도 계속 생각났다. 고3 내내 툭하면 〈여성스럽다〉라는 말이 마음 속 어딘가에서 튀어 올랐다. 당시 다니던 학교에는 야간 자율 학습이 있었다. 밤 11시가 넘어서까지 다들 독서실에 박혀 공부했다. 저녁 날씨가 끝내줬던 초여름이면, 야자가 한참 진행되고 있을 시각에 나는 종종 혼자 교문을 나섰다. 우리 학교는 고층 아파트로 둘러싸여 있었고 몇몇 아파트는 옥상에 출입할 수 있었다. 나는 MP3 이어폰을 귀에 꽂은 채 옥상이 열려 있는 아파트 옥상에 올라갔다. 옥상에서 보이는 밤하늘, 아파트 꼭대기에서 천천히 점멸되는 항공 유도등, 멀리 보이는 독서실 층에만 불이 켜져 있는 학교, 8차선 도로를 수놓는 자동차 불빛들, 가까운 하늘을 낮고 굵은 소리를 내며 날아가는 여객기. 그런 것들을 혼자 바라보며 한 시간이고 두 시간이고 감상에 빠지는 걸 좋아했다. 그러면서 이래저래 다친 마음을 어루만졌다. 국어 학원 선생님의 〈여성스럽다〉는 말은 그런 순간들을 보내다가도 멈칫거리게 만들었다. 당시 내 나이 또래 남자애들은 나처럼 쉽게 마음을 다치지도, 혼자서 그렇게 청승을 떨지도 않을 것 같았다. 어쩌면 내가 아이들 사이에서 겉도는 이유가 여기 있을지 모른다. 덩치와 외모에 맞지 않는, 또래 남자애들 사이에서는 희귀한 여성스러운 면모에. 아니, 여성스럽다는 말은 적절하지 않은 것 같다. 나다운 면모에.

성인이 돼서도 상황은 비슷했다. 대학교 첫 학기는 같은 과 사람들과 전혀 어울리지 못한 채 보냈다. 대학생에게는 고등학생에게 요구되는 것보다 고도의 노련함이 필요한 듯했다. 의무감에 찬 과대 동기가 MT와 과 행사에 참여하길 권했지만 몇 번 경험해 보니 그런 자리에 가면 나는 적극적으로 움직일 수도 없고 움직이지 않을 수도 없어서 고역이었다. 난 서서히 과에서 있는 듯 없는 듯한 존재가 됐다. 대학생 첫 여름 방학에 농활(농민 학생 연대 활동)을 가기 전까지는. 농활에 가면 2학점을 준다고 했다. 그때는 그게 왜 그렇게나 커 보였는지, 앞을 가로막는 수많은 걱정도 물리치고 결국 참가 신청을 했다. 농활에서는 일주일 내내 과 사람들과 붙어 지내야 했다. 첫날, 둘째 날이 지날 때까지도 몰랐다. 인간들이 일주일씩이나 붙어 있다는 건, 아싸가 인싸가 되고 인싸가 아싸가 될 만큼 엄청난 변화를 불러올 수 있는 일이라는 걸. 농활에서 나는

〈웃긴 사람〉이 됐다. 조금 더 구체적으로 말하자면
〈놀리기 좋은 사람〉, 〈타격감 좋은 사람〉이 됐다.
당시 과에서 가장 중심에 있던 친구들은 늘
분위기를 주도했고 사람들을 빵 터뜨리는 역할을
맡았다. 빵 터뜨리기 위해서는 웃음의 매개가 될
대상이 필요한데, 어쩌다 보니(나도 도대체 어쩌다
이렇게 된 일인지 모르겠어서 〈어쩌다 보니〉라고
뭉개어 설명할 수밖에 없다) 내가 그 역할을 하게 된
것이다. 어딘가 허술하고 외모에 맞지 않게
수줍으면서도 나를 향한 장난에는 욱하는 성격 등이
한몫한 듯했다. 농활 마지막 날 술자리에서는 나를
중심으로 자리가 포진될 정도로 사람들은 내 옆에
있기를, 정확히 말하면 과의 중심 역할을 했던
친구와 선배, 그리고 내가 티격태격 장난을
주고받는 모습을 가까이서 보기를 좋아했다.
농촌에서의 일주일 동안 나는 과의 중심으로 들어간
것이다. 내 입으로 말하기 민망하지만 이너 서클
안으로 들어간 것이다.
농활 이후 나는 학생회 활동에 참여했다. 〈이번
농활의 가장 큰 수혜자는 정두현〉이라는 얘기가
나올 정도로 농활 이전과 이후 내 학교 생활은
완전히 바뀌었다. 과 행사에 불참하는
주변인이었는데 참여를 권유하는 사람이 됐다.
학생회 활동을 했던 스무 살 여름부터 스물두
살까지는 그때까지의 내 인생에서 가장 신나는

기간이었다. 고등학생 때부터 쌓였던 어떤 갈증이 그제야 해소되는 듯했다. 행사가 있으면 밤 늦게까지 술을 마셨다. 새벽까지 과 동기, 선배들과 시간을 보내는 게 너무 재미있어서 시험 기간이 기대될 지경이었다. 모임이 있는데 참석을 못하면 막 질투심이 일었다. 사람들이 모여 있는 곳에 갈 때면 설레는 마음을 붙잡아야 했다. 2학년, 다들 군대를 갈 때 과 학생회를 해달라는 부탁에 입대조차 미룰 정도였다.

1학년 때였는지 2학년 때였는지, 내 생일날 과 사람들이 술집에 모였던 기억이 있다. 놀랄 정도로 많은 사람이 모였었다. 넓은 술집의 테이블을 여기저기 옮겨 다니면서 축하를 받고 감사를 전하는 말들 위에서 점점 취해 가며 붕 뜨는 기분을 느꼈다. 천장의 조명이 반짝반짝 빛나는 것 같았다. 사람 한 명 한 명의 표정이 윤슬처럼 빛나는 듯보였다. 행복했다. 이러니저러니 해도 인간에게는 사람이, 관계가, 좋은 인연이 최고인 게 아닐까, 하고 20대 초반의 나는 생각했다. 여기가 그렇게 좋다고 평가받는 대학은 아닐지 몰라도, 교수님이 봤을 때 나는 미래가 밝은 학생은 아닐지 몰라도 내게 호의적인 많은 사람들이 모여 있는 걸 보며 꽤나 성공한 인생을 살고 있다고 스스로를 치켜세웠다. 그 시간들 속에서 여성스러움이라 불렸던 나다움은, 여전히 내 안에 있었지만, 고등학생 때보다 훨씬 깊은 곳에서 웅크리고 있었다. 남들이 잘 보지 못하는 곳에 말이다. 사람들과 어울리기 위해선 갑자기 감상에 빠지거나 청승을 떨거나 너무 쉽게 상처를 받거나 하는 모습들은 내보일 수 없었다. 그럼에도 종종 티가 나긴 했는지 내겐〈썹선비〉라는 별명이 붙었다. 음담패설을 싫어하거나 여린 모습을 보일 때면 친구들은 날 놀렸다. 「야야, 두현이 불편하다. 그만해.」 나의〈썹선비 모먼트〉때문에 더 깊어질 수 없었던 관계가 있었는지는 모르겠지만 겉으로는, 한 명의 개성 있는 구성원이 되는 데에는 문제가 없었다. 당시 내겐 과에서 인사이더라는 위치를 지키는 게 무엇보다 중요했기 때문에 종종 날아오는 나다움에 대한 놀림도 웃어넘겼다. 시간은 속절없이 흘렀다. 서른이 가까워질 때 주변에서 종종 그런 얘기를 들었다. 30대를 넘어가다 보면 인간 관계는 자연스럽게 정리된다고. 정말 나와 결이 맞는 사람들만 남게 된다고. 나는 20대 후반까지도 나의〈결〉이 무엇인지, 내 가치관은 어떤 건지 확실하게 말할 수도, 정의 내릴 수도 없었기 때문에 처음엔 그 말이 확 와닿지 않았다. 서른 하나, 둘… 짝을 만나고 마음을 다할 수 있는 일을 찾게 되고 글을 쓰는 순간이 늘어나면서 내 취향이나 성격, 가치관 같은 것들이 조금씩 선명해지기 시작했다. 특히 글 쓰는 일은 내면을 깊게 들여다보지 않을 수 없게 만들었고 나의 삶을 대하는 태도를 진중하게 만들었다. 서서히 고등학생 때의 나로 돌아가는 듯했다. 깊은 생각에 빠지는 순간이 늘었고 사회생활을 하며 받았던 상처에 집중하는 시간이 많아졌다. 여러모로 대학 시절의 나, 그러니까 쉬지 않고 사람을 만나고 몸을 부대끼면서 즐거움을 찾는 나와는 달라지고 있었다. 점점 대학 동기들과의 단톡방 대화에 참여하는 게 힘들어졌다. 대화 내용이 내 요즘 관심사나 생각들, 즉 내게 지금 중요한 이야기와는 거리가 있었다. 어째서 학생 때는 잘 맞았던 대화가 서른을 넘어가면서부터 어긋나기 시작한 건지 정확히 알 수는 없다. 다만 늘 깊은 어딘가에 존재했던 씹선비 모먼트, 좋게 말하면 나다움, 고등학생 시절 국어 학원 선생님에겐 여성스럽다고 여겨졌던 어떤 고집 센 자아가 다시 고개를 든 게 아닐까 한다.

2주에 한 번씩은 있었던 술자리에서도 나는 불참하기 시작했다. 그런 과정에서 작은 결심의 순간들이 쌓였다. 이런저런 말로 포장할 수도 있지만 직접적으로 얘기하자면, 〈이제는 대학 친구들과 헤어질 때가 아닐까〉 하는 생각이었다. 앞으로는 〈나다움을 쌓는 데 시간을 쓰자〉라는 결심이었다. 그걸 여성스러움이라고 말하는 게 맞는진 모르겠지만 이제부터라도 내게 맞는, 내가 좋아하는 일과 사람에게 솔직하게 다가가자는 생각이었다. 당시 여기저기서 보였던 한 소설가의 말도 영향을 끼쳤다. 「친구들과의 술자리에 시간을 너무 낭비했다.」 어느 날 나는 단톡방에서 말을 한 마디도 안 했다. 그건 하루만 안 해도 티가 나는 일이었다. 누구도 왜 말을 안 하냐고 묻는다든지, 무슨 일 있느냐고 궁금해 하는 일은 없었다. 곧 멀어질 거라 서로 예상했던 것처럼, 서로 알고 있었지만 미처 말을 꺼내지 못했을 뿐이었던 것처럼.

그날 이후 내 일상을 채우는 시간들이 점점 달라졌다. 그런 일상이 쌓이면서 삶의 궤적도 꽤나 방향을 틀었다. 누구와 가장 많은 대화를 나누고 누구와 어떤 시간을 가장 많이 보내는지는 생각보다 인생에 큰 영향을 미치는 거였다. 소비하는 콘텐츠에서, 휴일을 보내는 방식에서, 쓰는 글의 주제에서, 술을 마시는 자리의 분위기에서조차 나다움을 찾아갔다. 게임을 하기보다 영화를 봤다. 축구를 하기보다 요가를 했다. 툭하면 글을 썼고 대학 친구들하고는 확실히 결이 다른 독자들을 만났다. 단톡방에서 말을 한마디도 하지 않은 날부터 변해 온 내 일상의 방향이 나는 훨씬 편했다. 드디어 몸에 맞는 옷을 찾은 것 같기도 하고 비로소 나다운 행동과 말을 하고 살아도 주변의 손가락질을 받지 않는 나이가 된 것 같아 기뻤다. 이너 서클에 들어가고 싶다는 이유로 썸션비라는 말을 들어야 하는 환경으로는 다신 돌아가고 싶지 않았다.

문제는 삶이 그렇게 단순하게 흘러가지만은 않는다는 것이다. 종종 가끔 대학 시절의 내가 떠오르고, 사람들 속에 완전히 녹아들었다는 실감에 환희로 가득 찼던 순간이 머릿속에 펼쳐질 때가 있다. 그러면서 한때 내 일상의 반 이상을 채웠던 친구들의 삶을 멀리서나마 바라보면, 어느새 방향이 많이 틀어졌다는 걸 실감한다. 좀 싱숭생숭한 마음이 든다. 여전히 고등학교 친구들과 가장 가까이 지내는 아빠를 보면서 내가 40대, 50대가 되면 친구들과 멀어진 걸 후회하지 않을까 하는 걱정도 든다. 그런 걱정을 형들을 만나 털어놓기도 했다. 친한 형 H는 그런 일은 누구에게나 일어난다는 듯 피식 웃으며 말했다. 모든 걸 가져갈 순 없는 거라고. 옳다고 생각하는 쪽으로 뚝심 있게 가라고. 하지만 인연에 대한 예의는 지키라고. 예의를 지키라는 건 서로에게 환희를 가져다 줬던 순간을 훼손하지 말라는 얘기였다. 글을 쓰게 되면서 배운 것 중 하나는, 기억을 글로 쓸 때 쓰는 사람이 어떤 의미를 부여하고 어떤 이야기와 엮는지에 따라 완전히 다른 의미로 기록되고 마음 속에 남을 수 있다는 거였다. 그러니 지난 기억은, 내가 버린 것일지라도 어떤 의미를 부여하고 어떻게

간직하냐에 따라 소중해질 수도 있고 무가치해질 수도 있다는 거였다.

청승 떨기를 좋아하는 나다운 생각이라고 여겨질지 모르겠지만, 음식물 쓰레기를 버릴 때면 문득 대학 시절이 떠오른다. 소중한 마음으로 정성 들여 만든 음식을, 차려 놓고 설레어 했던 그 순간을, 배가 부르고 난 뒤 불과 한 시간 만에 혐오스럽다 느끼며 봉투에 밀어 넣던 장면. 그렇게 쉽게 눈앞에서 지워 버린 것이 꼭 대학 시절의 관계들 같다. 당시 내겐 거의 세상의 전부인 인연들이었다. 새벽까지 함께 웃고 떠들고 이름을 부르며 웃었던 얼굴들. 그 시간들은 내게 너무나 큰 기쁨이었고 10대 후반부터 안고 왔던 서글픔을 치유해 준 위안이었다. 생일 날 온 술집을 가득 채운 날이나 여름밤 한강에서 불빛이 비추는 분수를 보면서 맥주를 마시던 기억이나 내가 군대를 갈 때 잘 다녀오라는 의미를 담아 만들어 준 영상, 얼어붙을 정도로 추운 겨울날 스쿠터를 타고 캠퍼스 안을 누볐던 시간 들은 무엇과도 바꿀 수 없는 기억이다. 나를 살게 하는 기억들이 있는데 그중 몇 가지는 분명히 대학 시절에 있었다. 그런 걸 무심히, 무참히 버려 버린다면 나는 분명 후회할 것이다. 다시 꺼내고 싶을 때가 분명히 있을 테니까. 1년에 한 번이라도 만나 추억하면서만 채울 수 있는 무언가가 분명히 있을 테니까.

내일 집에 손님이 오기로 했다. 최근에 책을 내고 이런저런 활동을 하면서 알게 된 인연들이다. 그들에겐 내가 〈여성스럽다〉라거나 〈썹선비〉라고는 여겨지지 않을 것이다. 처음 만날 때부터 그냥 나다움 그 자체였으니까. 배달을 시킬 수도 있지만, 직접 준비하는 게 나의, 손님의 하루를 더 만족스럽게 채울 수 있는 방법이라는 걸 알기에 요리를 할 작정이다. 어떤 메뉴를 대접해야할지 고민이다. 최근에 방문했던 스페인 식당에서 꿀대구 요리를 먹었는데 끝내주게 맛있었다. 그런 걸 집에서 할 수 있다면 근사할 것이다. 이 글을 마치고 레시피를 찾아봐야겠다. 사실 아직 집에 초대할 만큼 친한 사이는 아니라 걱정도 있다. 어떤 이야기를 나눠야 하지, 중간에 말이 툭툭 끊기면 어떡하지, 하고. 그래도 환대를 위해 집을 깨끗이 하고 따뜻한 마음으로 맞이할 것이다. 소중한 관계가 될지도 모르니까, 내가 할 수 있는 최선을 다할 것이다.

내 최선은 어디까지일까. 어느 부분은 내 능력 밖일지도 모른다. 사람 관계는 음식을 닮았다. 정성껏 만들고, 기꺼이 나눠 먹고, 때가 되면 치워야 한다. 다만 그 순간들이 얼마나 맛있었는지만은 잊지 않도록, 버리는 마지막까지 예쁘게 하는 일. 그게 우리가 할 수 있는 최선이 아닐까 한다.

음식을 대하는 자세
이민경 에세이

> 먹을 만큼만 사고,
> 남김없이 먹으려고
> 노력한다. 그래도 가끔
> 버리게 되는 순간이
> 찾아온다. 그래서 고안해 낸
> 것은 더 잘 요리하기.

이민경
20년 차 에디터이자 작가, 다양한 브랜드의 콘텐츠 디렉터로
활동 중이다. 패션 잡지 기자로 커리어를 시작해 현재는
라이프스타일과 식문화, 예술, 건축 등으로 확장, 글과
비주얼을 넘나들며 작업하고 있다. 요리를 사랑하고
탐구하는 것을 즐긴다. 책 『도쿄 큐레이션』에 이어서 최근
요리 에세이 『식탁의 장면들』을 출간했다.

음식물 쓰레기에 관한 글 제안이 왔을 때, 나는 먼저
내가 이 글을 쓸 자격이 되는 사람인지를
자문자답해 보았다.
「나는 음식물 쓰레기를 잘 처리하고 사는
사람인가?」
여기서 말하는 〈잘〉이란 결국 최소한으로 버리는
사람을 뜻하는 것일 테다.

「아니, 그렇지 않다.」

애석하게도 나는 음식물 쓰레기를 최소한으로- 그
기준은 모호하지만 자기 객관화의 관점에서
생각했을 때- 버리는 사람은 아니다. 스님의
밥그릇처럼 남김없이 싹싹 비우는 청빈한 삶을 나는
살지 못했고 앞으로도 그러지 못할 것이다. 그러면
〈이 글을 쓸 자격이 없는 게 아닌가?〉라고 한다면, 뭐

어쩔 수 없다. 그러나 분명 내가 내 자리에서 할 수 있는 이야기는 있다. 〈음식물 쓰레기〉에 관해 얘기하기 전에 음식을 대하는 자세에 대해 말하는 것. 나는 집에 있을 때는 대부분 음식을 해먹는 편이다. 요리의 달인인 엄마 밑에서 자란 덕분에 〈집밥〉이 모든 가정의 중심이자 인간의 출발점이라 생각한다. 특히 일본에서 살았던 지난 6년은 다양한 동서양 음식을 접하고, 미식의 세계를 한 뼘 넓힐 수 있었던 소중한 시간이었다. 코로나로 인해 당연하던 것들이 당연하지 않게 되면서부터는 본격적으로 삼시 세끼 집밥을 탐닉했다. 어쩌면 끝이 없는 터널과도 같았던 그 시절, 요리는 내가 할 수 있는 가장 생산적인 일이었는지도 모른다. 그때 요리 실력이 확 늘었는데, 사실 그게 다는 아니었다. 돌이켜보면 당시 나는 〈어떻게 건강하게 먹을 것인가?〉 〈어떻게 알뜰하게 소비할 것인가?〉에 관한 고민을 많이 했다. 그것은 〈오늘 무엇을 먹을까(what)〉라는 단순한 질문에서 나아가 〈어떻게 살 것인가(how)〉에 가까운 것, 즉 그동안의 삶의 방식을 재점검하는 보다 본질적인 물음이었다.

물론 초반에는 많은 시행착오가 있었다. 맛있는 요리를 해먹겠다는 의지로 넘치게 산 재료들이 냉장고에 썩어 문드러질 때 큰 죄책감을 느꼈다. 결국 지나치게 풍부해진 우리네 삶이 급격한 기후 변화와 각종 바이러스의 출몰 등 오늘날의 비극을

초래한 것은 아닌지, 나와 지금의 사회를 되돌아보기도 했다. (그땐 그럴 시간이 많았다.) 내 손으로 음식물 쓰레기 더미를 생산해 내는 일이란 결국 농부들의 피땀 눈물을 무시하고 자연의 선물을 하찮게 여기는 태도가 아닌가 싶어서, 버릴 때마다 마음이 좋지 않았다. 그렇다고 〈제로 웨이스트〉를 실천하기엔 솔직히 말해 자신이 없었다. 현실적으로 불가능하기도 했고. 그런데 매일 요리를 하다 보니까 어느덧 나도 모르게 깊고 심오한 그 세계를 계속해서 파고들어 가기 시작했다. 매일 두더지처럼, 더 맛있게 요리하는 방법을 찾고 또 찾았다.

그중 하나는 〈레시피에 무엇을 더 넣을까〉가 아니라 〈한정된 재료로 어떻게 더 맛있게 할까〉다. 어느 날 나는 재료 준비를 하다가 버려지는 재료들이 아까워서 한데 모으기 시작했다. 가장 좋은 영양은 뿌리와 껍질에 있다는 어느 요리 연구가의 말도 생각난 참이었다. 파프리카와 가지 꼭지, 대파 뿌리, 양파 껍질, 부추와 미나리의 끝부분, 쓰고 남은 무, 표고버섯 밑동 등… 생각해 보면 멀쩡한 재료들이 그대로 쓰레기통으로 들어간다. 나는 그것들을 냉장고에 모았다가 커다란 냄비에 물과 함께 넣어 끓이기 시작했다. 그렇게 나의 〈채수 만들기〉가 시작되었다. 재료를 강불로 끓이다가 끓으면 약불로 줄이고 20~30분간 더 끓이면 진한 육수가

이민경 에세이

만들어진다. 쭈글해진 건더기만 버리고 완전히 식힌 후 지퍼백에 담아서 냉동고에 보관해 두면, 요리할 때마다 해동해 베이스로 사용할 수 있다. 나는 그때그때 만들어 놓은 채수로 국과 찌개, 탕은 물론이고, 볶음 요리나 파스타 등 서양 요리를 할 때도 유용하게 쓴다. 감칠맛 내는 데 도움도 되고 쓰레기 양도 줄일 수 있으니 일석이조가 아닌가. 일본에서 잠시 배운 요리 클래스에서도 선생님은 재료를 아낌없이 알뜰하게 쓰는 팁을 가르쳐 줬다. 예를 들어 가지를 자를 때 보통 꼭지 부분을 숭덩 자르는데, 꼭지 부분에 붙은 얇은 막을 칼로 떼어 내면 꼭지 끝까지 붙은 속살을 쓸 수 있다는 것이었다. 브로콜리 줄기도 영양가 높은 식재료란 것을 그때 처음 알았다. 주위를 둘러보니 버릴 것 없는 채소는 생각보다 많았다. 단호박, 파, 청경채, 샐러리, 무, 우엉… 재료를 손질하며 그런 생각을 많이 했다. 〈나 또한 쓰임이 많은 사람이 되고 싶다.〉 〈쪽파 같은 사람이 되고 싶다.〉 이제는 자연스럽게 껍질째 요리하는 습관이 생겼다. 영양도 챙길 겸 그렇게 한다. 대신 재료 손질에 공을 들이는 편이다. 몇 가지 브러시만 구비해 놓으면 당근도, 우엉도, 무도 모두 껍질째 깨끗하게 정리해 쓸 수 있다. 얼마 전 한식 레스토랑 온지음에서는 식사 도중 처음 맛보는 차를 마셨다. 구수해서 옥수수 차일까 싶었는데 맛은 깊고 색도 조금 더 진했다. 「죽순 껍질로 만든 차예요. 요리하고 남은 껍질을 삶아 봤어요.」 직원이 설명했다. 그러고 보면 요리는 요령이 아니라 사랑하는 마음이 아닐까. 제철의 신선한 재료를 골라 장을 보고, 정성껏 손질하며, 여기까지 와준 자연의 신비와 농부의 손길을 감사히 여기는 마음. 먹는 사람의 얼굴을 떠올리며 에너지와 노력, 시간을 담는 일. 그것은 자연과 사람, 세상의 보이지 않는 많은 수고로움을 아끼고 겸허히 끌어안는 마음이다.

요리 경험이 늘수록 느는 것은 레시피의 양이나 식재료를 다루는 팁만이 아니다. 요리를 하면 할수록 한 가지 재료를 중심으로 만들 수 있는 요리 아이디어가 꼬리에 꼬리를 물듯 무궁무진하게 이어진다. 예를 들면 이런 식이다.

간 돼지고기로 만들 수 있는 것:
함바그, 볶음밥, 가지 덮밥, 콩나물 볶음, 만두, 마파두부, 순두부찌개, 강된장, 떡갈비, 고기전…

그래서 이제는 어떤 재료를 보면, 만들 수 있는 요리가 머리 속에 줄줄이 소시지처럼 저절로 생각난다. 계속 꾸준히 요리했기 때문이다. 그렇게 되면 남은 재료를 냉장고에 처박아 두지 않고, 남김없이 쓰게 된다. 요리가 준 뜻밖의 선물이다. 여기서 한 발 더 나아가면, 쓰고 남은 재료를 창의적으로 활용하는 방법을 터득하게 된다. 어느 날 점심으로 함바그를 하고 남은 패티가 있었다. 그런데 저녁으로 연이어 함바그를 다시 먹고 싶지는 않았다. 어떻게 할까? 잠시 생각해 보니까 으깬 감자만 있으면 패티에 섞어 고로케를 만들 수 있는 게 아닌가. 나는 그날 저녁 함바그에서 고로케로 전환되는 요리의 신세계를 경험했다. 무엇보다 애매하게 남은 패티를 냉동실에 버리지(?) 않은 내 자신이 기특했다. 또 어느 날은 라따뚜이를 하고 남은 토마토 소스를 냉장고에 두고 며칠째 새까맣게 잊고 있었다. 그러다가 우연히 한 편에 버려진 연인처럼 남아 있는 소스를 찾아 내고는, 어쩐지 가여운 마음이 들어서 불을 올리고 파스타를 삶아 비벼 먹었다. 자칫 멍하니 시간이 흘렀다면 분명 떠났을 존재였다. 라따뚜이의 환영은 그렇게 별안간 어엿한 파스타로 환생할 수 있었다.

그러니까 내가 하고 싶은 말은 무조건 음식물 쓰레기를 줄여야 한다는 강박을 가지지 말라는 거다. 더 중요한 본질적인 것들을 잊지 말자는 것이다. 요리를 직접 손으로 하는 횟수를 늘리면 생각지도 못한 요리 아이디어가 샘솟게 된다. 그리고 내게 온 식재료와 자연을 더욱 소중히 여기게 되면 자연스럽게 음식물 쓰레기를 줄이는 방법을 발견하게 된다. 요리에 임하는 진심이 결론적으로는 음식물 쓰레기를 줄일 수 있는 선순환 구조로 확장, 이어지는 것이다.

물론 바쁜 현대 사회에 살며 배달 음식을 안 먹기는 힘든 일- 생각해 보면 불과 몇 년 전만 해도 우리는 배달 없이 잘만 먹고 살았지만-이다. 나 또한 가끔 먹는데, 가급적 플라스틱을 최대한 안 쓰는 간편한 음식(가령, 샌드위치나 햄버거)을 시키고 남김없이 먹으려고 노력한다. 주로 여러 번 먹어서 맛을 신뢰하는 곳만 이용한다. 사실 배달 음식의 진짜 폐해는 플라스틱 쓰레기만 늘리는 것이 아니라 입맛에 맞지 않으면 미련없이 버리는 것에 있으니까 말이다. (솔직히 말해 자신이 요리했다면 그리 가차 없이 버리지는 못한다.)

하지만 나는 알뜰하게 요리하고 배달 음식을 줄이는 것만큼 중요한 것은 〈쿠팡〉과 〈마켓컬리〉 등 배달 앱을 꼭 필요할 때만 쓰는 것이라 생각한다. 배송 온 상품이 무르거나 상태가 좋지 않아서 버리고 새로 받은 기억, 누구나 몇 번쯤 있지 않나. 또 새벽 배송까지 시켜야 할 만큼 우리가 사는 모든 것들이 긴급하게 필요한 걸까, 생각해 보면 그렇지도 않다. 물론 배달 앱을 줄이기 위해서 선행되어야 할 것은- 나의 바람이기도 하다- 하나 있다. 동네 마트 식료품이 점차 개별 소량 포장되어 판매되는 시스템으로 변화하는 것. 1인 가구가 전체 인구의 35.5%(2023년 기준)를 차지하는 대한민국에서 빠른 시일 내에 자리잡아야 할 유통 판매 구조가 아닐까 싶다. 그런 의미에서 궁극적으로 버리는 음식을 줄이는 길은 개인을 넘어 사회 전체가 고민하고 노력해야 할 문제다.

일본에서는 많은 보이지 않는 룰이 있는데, 사회를 움직이는 암묵적인 약속으로 작동한다. 그중 하나는 웬만해서는 음식을 남기지 않는 것. 가정에서뿐 아니라 음식점에서도 모두 통용되는 가치이자 문화다. 「음식이 입맛에 안 맞으셨어요?」 혹 음식점의 점원이 남은 음식을 가리키며 묻는다면, 다음과 같은 뜻으로 해석하는 것이 좋다. 「왜 남기셨어요?」 「다 드셨어야죠.」 돌려 말하고 있는 눈빛을 읽을 것. 주위를 둘러보면 모두가 자기 앞의 음식을 밥 한 톨 안 남기고 싹싹 비우고 있다. 오늘도 나는 그 시절의 〈눈칫밥〉을 생각하며 마음을 다잡는다. 남기지 말고 감사히 먹어야지. 욕심 부리지 말고 조금만 시켜야지. 식재료를 어여삐 여기고 알뜰하게 써야지. 우리 곁의 좋은 물건, 좋은 사람을 아끼는 것처럼 음식을 소중히 대할 수 있다면 우리가 사는 세상은 조금 더 나아질까.

음쓰, 웁쓰
— 비움을 시작합니다

지은이 미깡 손현 임수민 정두현 이민경
발행인 홍유진
기획 앳홈 더워터멜론
제작지원 미닉스 minix.life

발행처 에피케
대표전화 02-334-2024
홈페이지 www.epikhe.com
인스타그램 @epikhe_books
이메일 hello@epikhe.com
에피케는 여러분의 소중한 원고를 기다립니다.

Copyright (C) 미깡 손현 임수민 정두현 이민경, 2025, *Printed in Korea.*

ISBN 979-11-991112-2-6 03810
발행일 2025년 9월 3일 초판 1쇄